MAGASIN THÉATRAL.

CHOIX DE PIÈCES NOUVELLES,

JOUÉES SUR TOUS LES THÉATRES DE PARIS.

THÉATRE DE L'AMBIGU-COMIQUE.

LES ENFANTS TROUVÉS,

Drame en trois actes.

PARIS.

MARCHANT, ÉDITEUR

Boulevart Saint-Martin, 12.

BRUXELLES,

TARRIDE, LIBRAIRE, PASSAGE DE LA COMÉDIE.

L'Homme du siècle, dr. h. 4 a. 40
La Visite domiciliaire, dr. 1 a. 30
Le Royaume des Femmes, f. 1 a. 30
Le Sauveur, com. 3 a. 40
Les Faussaires anglais, m. 3 a. 30
Le Magasin pittoresque, r. 30
Le Serf et le Boyard, mél. 3 a. 30
Le Château d'Urtuby, o.-c. 1 a. 30
L'Amitié d'une jeune fille, m. 40
Je serai Comédien, c. 1 a. 30
Le Fils de Ninon, dr. 3 a. 40
Le Prix de vertu, c.-v. 5 tabl. 30
Le Curé Mérino, dr. 5 a. 50
Le Mari d'une Muse, c.-v. 1 a. 30
Flore et Zéphire, f.-v. 1 a. 30
Le Domino rose, vaud. 2 a. 30
La Chambre de ma femme, c. 30
Les 4 Ages du Palais-Royal. 40
Juliette, dr. 3 a. 40
Une Dame de l'empire, c.-v. 1 a. 30
La Paysanne demoiselle, v. 4 a. 40
Un Soufflet, com.-vaud. 1 a. 30
Les Liaisons dangereuses, dr. 40
Le Doigt de Dieu, dr. 1 a. 30
La Fille du Cocher, vaud. 1 a. 30
Théophile, c.-v. 1 a. 30
L'Oraison de St-Julien, c.-v. 30
La Vénitienne, dr. 5 a. 50
L'honneur dans le crime, dr. 50
Un bal de domestiques, v. 30
Les Charmettes, com. 30
Pécherel l'empailleur, v. 30
L'Aiguillette bleue, v.-hist. 30
Les Mal-Contents de 1579, dr. 50
Une Chanson, dr.-v. 30
Le Dernier de la famille, c.-v. 30
L'Apprenti, vaud. 1 a. 30
Le Triolet bleu, c.-v. 40
Salvoisy, com. 2 a. 40
Une Aventure sous Charles IX. 40
Lestocq, op.-c. 4 a. 50
Tonfaf-le-Pendu, v. 1 a. 30
Artiste et Artisan, c.-v. 30
L'Aspirant de Marine, op.-c. 30
Un Ménage d'ouvriers, c.-v. 30
L'Interprète, c.-v. 1 a. 30
Un Enfant, dr. 4 a. 40
Le Capitaine Roland, c.-v. 30
La Tour de Babel, rev. ép. 30
La Nappe et le Torchon, c.-v. 40
Les Duels, com.-v. 2 a. 40
Vingt ans plus tard, v. 30
L'Angélus, op.-com. 1 a. 30
Un Secret de Famille, dr. 40
Les Dres Scènes de la Fronde. 30
La Robe déchirée, c.-v. 30
Le Commis et la Grisette, v. 30
Lionel ou mon avenir. 40
Heureuse comme une princesse 40
La Cinquantaine, com.-v. 30
Prêtez-moi 5 francs, mél. 40
Un Caprice de femme, op.-c. 30
L'Impératrice et la Juive, dr. 50
Le Capitaine de vaisseau, v. 40
Les Sept péchés capitaux, v. 30
Le Juif errant, dr. fant. 50
2 femmes contre 1 homme. 30
Le Septuagénaire, dr. 4 a. 40
Gribouille, extravagance. 40
La Frontière de Savoie, v. 30
Les Deux Borgnes, fol.-v. 30
La Toque bleue, v. 1 a. 30
Charles III ou l'Inquisition. 40
Deux de moins, c.-v. 30
Jacquemin, roi de France, c.-v. 40
Les Immoralités, com. 1 a. 30
La Lectrice, vaud. 2 a. 30
Le Comte de St-Germain. 40
L'École des ivrognes. 30
Les Bons Maris, com.-v. 40
La Famille Moronval, dr. 5 a. 50
Morin, dr. 5 a. 50
La Tempête, fol.-v. 1 a. 30
Mon ami Grandet, vaud. 40
Le Juif errant, v. 5 a. 40
La Filature, v. 3 a. 40
Le Marchand forain, op.-c. 40
L'Idiote, com.-v. 30
Les Tours Notre-Dame, v. 30
Le Mari de la Favorite, c. 50

Lord Byron à Venise, com. 40
La vie de Napoléon, sc. épis. 30
La Vieille Fille, com.-v. 30
Latude, mél. hist. 5 a. 50
Georgette, vaud. 30
Le Fer l'Évêque, vaud. 40
Le Ramoneur, vaud. 30
La Sentinelle perdue. 30
Amrideaml vaud. 30
Un de plus, com.-v. 3 a. 40
L'Ambitieux, com. 5 a. 50
Le Procès du mar. Ney, 4 a. 30
Une Passion, v. 1 a. 30
Estelle, com.-v. 1 a. 30
Antony, d. 4 a. par A. Dumas. 50
Mari de la Veuve, A. Dumas. 30
Atar-Gull, mél. 4 a. 40
Gilette de Narbonne, v. 3 a. 40
Les Enfans d'Édouard, trag. 40
Mme d'Egmont, com. 3 a. 40
Catherine Howart, dr. 50
La Prima Dona, v. 1 a. 40
Être aimé ou mourir, c.-v. 30
Une Mère, dr. 2 a. 40
Charles VII, par Al. Dumas. 50
Mademoiselle Marguerite. 30
Étienne et Robert, v. 30
Bouffon du Prince, 2 a. 40
La Consigne, com.-v. 1 a. 30
Marino Faliero, tr. 5 a. par C. Delavigne. 50
Napoléon, par Alex. Dumas. 50
Charlotte, dr. 3 a. 40
Les Enragés, tab. villageois. 30
Angèle, d. 5 a. par Al. Dumas. 50
L'homme du monde, dr. 5 a. 50
Les Roués, v. 3 a. 40
Thérésa, d. 5 a. par A. Dumas. 50
Le Conseil de révision, v. 4 a. 40
La Chambre Ardente, d. 5 a. 50
Cotillon III, c.-v. 1 a. 30
Le Moine, dr. 4 a. 40
Reine, Cardinal et Page, v. 30
Jours gras sous Charles IX, 40
Père et Parrain, v. 2 a. 40
Jeanne Vaubernier, c. 3 a. 40
Les Deux divorces, c.-v. 1 a. 30
Indiana, dr. 5 parties. 50
Frétillon, vaud. 5 a. 50
La Femme qu'on n'aime plus. 30
1834 et 1835, rev. épis. 30
Le Tapissier, com. 3 a. 40
La Fille de l'Avare, v. 2 a. 40
L'Autorité dans l'embarras. 30
Dolly, dr. 3 a. 40
Les Chauffeurs, mél. 3 a. 40
Les Deux Nourrices, v. 1 a. 30
Les Pages de Bassompierre. 30
Au Clair de la lune, v. 3 a. 40
Farinelli, com.-hist. 3 a. 40
La Nonne sanglante, dr. 5 a. 50
Marmitons et Gds Seigneurs. 30
La Marquise, op.-com. 1 a. 40
Fich-Tong-Kang, v. 1 a. 30
Les Gants jaunes, v. 1 a. 30
Mon ami Polyte, v. 1 a. 30
Le Cheval de bronze, o.-c. 3 a. 40
Les Beignets à la Cour, c. 1 a. 30
Le Père Goriot, v. 2 a. 40
Fleurette, dr. 3 a. 40
Anacharsis, v. 1 a. 30
La Traite des Noirs, dr. 50
Manette, com.-v. 1 a. 40
Karl, dr. 4 a. 40
La Croix d'or, c.-v. 2 a. 40
Un Père, mél. 3 a. 40
Le Vendu, tabl. pop. 1 a. 30
Jeanne de Flandre, mél. 40
L'If de Croissey, c.-v. 40
Une Chaumière et son Cœur. 40
Cornaro, parodie d'Angelo. 40
Une Camarade de Pension, 3 a. 40
Cromwell, dr. 5 a. 50
Marais-Pontins, v. 2 a. 40
Mathilde, com. 3 a. 40
Ombre du Mari, v. 2 a. 30
Amours de Faublas, bal. 3 a. 30
Porte-Faix, op.-c. 3 a. 40
On ne passe pas, v. 1 a. 30
Ma Femme et mon Parapluie. 30

Micheline, op.-c. 1 a. 30
Le Violon de l'Opéra, 1 a. 30
La Prova d'un opéra seria. 1 a. 30
Alda, op.-c. 1 a. 30
Jacques II, dr. 4 a. 40
Mon Bonnet de nuit, v. 30
Fille mal élevée, c.-v. 2 a. 30
La Berline de l'Émigré, d. 5 a. 50
Un de ses Frères, v. 30
Les deux Reines, op.-c. 30
La Mère et la Fiancée. 40
Le Curé de Champaubert, v. 40
L'Habit ne fait pas le moine. 40
Marguerite de Quélus, d. 3 a. 40
Les Mineurs, mél. 3 a. 40
L'Agnès de Belleville, 3 a. 40
Plus de jeudi, v. 2 a. 30
Les Créoles, en 2 actes. 40
Pauvre Jacques, c.-v. 1 a. 30
Un Roi en vacances, v. 3 a. 40
Madelon Friquet, v. 2 a. 40
L'Aumônier du régiment, 1 a. 40
L'Octogénaire, c.-v. 1 a. 30
Chérubin, c.-v. 2 a. 30
Cosimo, opéra-bouffon, 2 a. 40
Testament de Piron, v. 1 a. 30
La Périchole, v. 1 a. 30
Un Mariage sous l'empire, v. 2 a. 40
La Pensionnaire mariée, c.-v. 40
Le Jugement de Salomon, 1 a. 30
Le Mariage raisonnable, 1 a. 30
La Tirelire, com.-v. 1 a. 40
Les Bédouins en voyage. 30
La Femme qui se venge, v. 30
La Tache de sang, dr. 3 a. 40
Toniotto, dr. 3 a. 40
La Savonette impériale, v. 40
André, vaud. 2 a. 40
En attendant, c.-v. 2 a. 40
La Femme du peuple, tabl. 30
Zazezizozu, féerie en 4 a. 40
La Fille de Cromwell, v. 30
Jean-Jean, parod. en 5 pièc. 50
La Sonnette de nuit, c.-v. 1 a. 30
Une loi anglaise, c.-v. 2 a. 40
Le Mémoire d'un père, 1 a. 30
La Fiole de Cagliostro, v. 40
Paris dans la Comète, revue. 30
Infidélités de Lisette, v. 3 a. 40
Aurélie, drame en 4 a. 40
Valentine, dr.-vaud. 2 a. 40
Coquelicot, vaud. 3 a. 40
Plus de loterie, vaud. 1 a. 30
Pensionnat de Montereau. 30
Elle n'est plus, vaud. 1 a. 30
Acteon, par M. Scribe. 40
La Folle, dr. 3 a. 40
Le Gamin de Paris, c.-v. 2 a. 40
Le Transfuge, dr. 3 a. 40
Sous la Ligne, vaud. 1 a. 30
Madeleine, com.-v. 2 a. 40
M. et Madame Galochard. 40
Les Chansons de Désaugiers. 50
La Fille de la Favorite, 3 a. 40
Art de ne pas payer son terme. 30
Coliche, com.-vaud. 1 a. 30
Clémentine, com.-vaud. 1 a. 30
Gil-Blas, vaud. 3 a. 40
Jérusalem délivrée. 50
Le Prévôt de Paris, mél. 3 a. 40
Renaudin de Caen, c.-v. 2 a. 40
Chut! 2 actes, par Scribe. 50
Héloïse et Abeilard, dr. 5 a. 50
La Laide, dr. 3 a. 40
L'Enfant du Faubourg, v. 3 a. 40
L'Ingénieur, dr. 3 a. 40
Changée en nourrice, v. 2 a. 40
Les Chaperons blancs, op.-c. 40
La Marq. de Pretintaille, v. 1 a. 30
Sarah, op.-c. 2 a. 30
Sur le Pavé, v. 1 a. 30
Don Juan de Marana, myst. 50
Une St-Barthélemy, v. 1 a. 30
La Liste des notables, v. 2 a. 40
La Reine d'un jour, v. 2 a. 40
Le Démon de la Nuit, v. 2 a. 40
Un Procès criminel, c. 3 a. 50
Le Portrait du Diable, v. 1 a. 30
Mariana, com.-v. 3 a. 40
Le comte de Horn, dr. 3 a. 40

Un Bal du grand monde, v. 1 a. 30
L'Oiseau bleu, v. 3 a. 40
Le Barbier du roi d'Aragon, 3. 40
Balthazar, v. 1 a. 30
Amazampo, dr. 4 a. et epil. 50
La D. de la Vaubalière, d. 5 a. 50
Le Luthier de Vienne, op.-c. 30
Les Misères d'un Timbalier. 30
Le C. des Informations, v. 1 a. 30
Casanova, v. 3 a. 40
Georgine, com.-v. 1 a. 30
Mistress Siddons, c.-v. 2 a. 40
Tout ou Rien, dr. 3 a. 40
Lesctocq, v. 1 a. 30
Madame Péterhoff, v. 1 a. 30
D'Aubigné, v. 2 a. 40
Christiern, mél. 3 a. 40
Kean, dr. 5 a. par A. Dumas. 50
La Diadesté, op.-c. 2 a. 40
Arriver à propos, v. 1 a. 30
Le Frère de Piron, v. 1 a. 30
Le Roi malgré lui, v. 2 a. 40
Le Puits de Champvert, d. 3 a. 30
Le Diable amoureux, v. 1 a. 30
Le Passé, v. 1 a. 30
Nabuchodonosor, d. 4 a. 40
Sir Hugues, par Scribe, dr. 40
Marie, par Mme Ancelot. 40
Pierre le Rouge, c.-v. 3 a. 40
L'Homéopathie, c.-v. 1 a. 30
Théodore, vaud. 1 a. 30
L'Épée de mon Père, v. 1 a. 30
La Femme de l'Épicier, v. 1 a. 30
Dolorès, mélodrame 3 actes. 40
Un Cœur de mère, c.-v. 2 a. 40
Jaffier, dr. 5 a. 50
Les Pontons de Cadix, 1 a. 30
Les deux Coupables, v. 1 a. 30
Maison Carmélite, v. 1 a. 30
Le Muet d'Ingouville, c.-v. 2 a. 40
El Gitano, mél. 5 a. 50
Léon, drame en cinq actes. 50
Fils d'un agent de change, 1 a. 30
Le Comte de Charolais, 3 a. 40
Le Mari de la Dame de chœurs. 40
Valérie mariée, dr. 3 a. 40
Roquelaure, vaud. 4 a. 50
Madame Favart, com. 3 a. 40
L'Ambassadrice, op.-c. 3 a. 40
L'Année sur la Sellette, r. 1 a. 30
Le Secret de mon Oncle, v. 1 a. 30
La Nouvelle Héloïse, dr. 3 a. 40
Gaspardo, par M. Bouchardy. 50
Le Postillon de Lonjumeau. 40
La Chevalière d'Éon, v. 3 a. 40
Austerlitz, évén. hist. 3 a. 40
Le Muet de St-Malo, v. 1 a. 30
Stradella, com. 1 a. 30
La Laitière et les 2 Chasseurs. 30
Riche et Pauvre, dr. 5 a. 50
La Champmeslé, c.-anec. 2 a. 40
Huit ans de plus, mél. 3 a. 40
Père et Fils, vaud. 1 a. 30
Les Sept Infans de Lara, d. 5 a. 50
Michel, com.-vaud. 2 a. 40
Paraviédès, dr. 3 a. 40
Le Portefeuille ou 2 Familles. 50
Riquiqui, com.-vaud. 3 a. 40
Un Grand Orateur, c.-v. 1 a. 30
Trop Heureuse, c.-v. 1 a. 30
La Vieillesse d'un grand Roi. 40
L'Étudiant et la Grande Dame. 40
La Comtesse du Tonneau, v. 2 a. 40
Le Paysan des Alpes, dr. 5 a. 50
Polly, com.-vaud. 3 a. 40
Le Bouquet de bal, c. 1 a. 30
La Vendéenne, c.-v. 2 a. 40
L'honneur de ma mère, d. 3 a. 50
Eulalie Granger, dr. 5 a. 50
Schubry, c.-v. 1 a. 30
Julie, com. 5 a. 50
L'Ange gardien, dr.-v. 3 a. 30
Miel et Vinaigre, c.-v. 1 a. 30
Paul et Pauline, c.-v. 2 a. 40
Femme et Maîtresse, c.-v. 1 a. 30
Jeanne de Naples, dr. 5 a. 50
Le Gars, dr. 5 a. 50
Un Chef-d'OEuvre inconnu. 30
Vouloir c'est pouvoir, c.-v. 2 a. 40
Mina, com.-vaud. 2 a. 40

ACTE III, SCÈNE VII.

LES ENFANTS TROUVÉS,

DRAME EN TROIS ACTES,

PAR M. JOSEPH BOUCHARDY,

REPRÉSENTÉ, POUR LA PREMIÈRE FOIS, A PARIS, SUR LE THÉATRE DE L'AMBIGU-COMIQUE, LE 2 AVRIL 1843.

PERSONNAGES.	*ACTEURS.*	*PERSONNAGES.*	*ACTEURS.*
Le maréchal SAINT-ANDRÉ....	M. SAINT-ERNEST.	MARIE.......................	Mme DESLANDES.
VINCENT DE PAUL.........	M. MÉLINGUE.	MARTHE....................	Mme LEMAIRE.
FABIUS.......................	M. ALBERT.	UN PAGE...................	
GONTRAN....................	M. CULLIER.		

ACTE PREMIER.

Le jardin de la maison du maréchal Saint-André à Clichy. Au troisième plan, deux allées latérales de droite et de gauche conduisent dehors. Au deuxième plan, à gauche, un pavillon dont la porte est ouverte. Au premier plan, à droite et à gauche, deux tables de marbre et siéges de jardin. Au fond, muraille ou charmille basse. On découvre au lointain le village et la plaine.

SCÈNE PREMIÈRE.

Au lever du rideau, Gontran, assis près de la table à droite, lit des papiers publics.

GONTRAN, *seul, retournant la feuille du journal qu'il lisait.*

Voyons quelles sont les réflexions qui suivent l'histoire du maréchal. (*Lisant.*) « Maintenant que nous avons prouvé par le récit » de sa vie que le maréchal Saint-André a » toujours été un modèle de bravoure et » d'honneur, nous devons ajouter que ses » défauts devaient engendrer ses vertus. On » lui a reproché souvent de fougueux em- » portements qui l'ont conduit dans sa jeu-

NOTA. La gauche ou la droite est toujours celle de l'acteur.

» nesse à de funestes extrémités. Mais aussi » cette fougue impétueuse l'avait fait sur- » nommer l'Ouragan, par les ennemis qui » craignaient sa rencontre. » (*Parlant.*) Oui, c'est bien ainsi qu'on le nommait dans nos combats de la ligue. (*Lisant.*) « Tous ceux » qui connaissent sa vie intime affirment qu'il » est aussi prompt à se repentir qu'à se met- » tre en colère. Le prêtre Vincent de Paul le » cite comme un des zélés protecteurs des » enfants qu'il soulage, et ses amis l'appel- » lent, à l'exemple du brave Condé, Tête de » Feu, mais cœur d'or... » (*Parlant.*) Oui, tout cela est bien vrai, et ceux qui l'ont écrit ne font que justice au maréchal Saint-André; mais ces vérités doivent précisément faire trembler celui qui va bientôt voir naître, grandir et s'exalter sa colère. (*Se levant.*) Oh! quand celui-là est son plus dévoué serviteur, il doit se résigner à affronter l'orage... lui qui sait mieux que tous que dès le lendemain le calme peut se rétablir..... Cependant cette fois... Oh! maréchal Saint-André, tout fier de ta victoire, tu ne soupçonnes pas qu'en arrivant ici tu vas apprendre ta défaite..... Sang Dieu! il nous faudra plus que du courage. (*Apercevant Marthe qui entre par la gauche.*) Vous voici, ma sœur.

SCÈNE II.

GONTRAN, MARTHE.

MARTHE. Le desservant de notre église m'a dit que deux fois hier vous étiez venu pour savoir si notre pasteur était de retour.

GONTRAN. Est-ce qu'il est arrivé?

MARTHE. Non... mais une lettre nous annonce qu'aujourd'hui même il doit traverser Paris. Peut-être arrivera-t-il ce soir à Clichy, et je me suis échappée un instant pour vous en prévenir en vous faisant part de la joie que cela nous cause...

GONTRAN. Merci, bonne Marthe... il arrivera trop tard pour me donner le conseil que je voulais lui demander. (*Parlant à demi-voix.*) Il faut que d'ici à quelques heures je m'éloigne de Clichy... Le cortége qui ramène les vainqueurs de la Rochelle doit s'arrêter aujourd'hui au village de Vincennes, et je veux y rencontrer le maréchal; il faut absolument que je le voie avant son arrivée...

MARTHE. L'impatience vous gagne; vous ne pouvez l'attendre.... Et vous emmenez Marie?

GONTRAN. Non, ma sœur. (*A demi-voix, et désignant le pavillon.*) Mais parlons bas, car elle est dans cette chambre.

MARTHE, *à demi-voix.* Pourquoi ne l'emmenez-vous pas, la pauvre fille que l'absence du maréchal a rendue si triste, si malheureuse, et que son retour doit consoler?

GONTRAN. Non, Marthe... le retour du maréchal ne consolera pas Marie.

MARTHE. Que dites-vous?

GONTRAN. Plus bas!... (*Il l'emmène à l'écart.*) Pardonnez, ma sœur, si je vous parle ici d'un malheur que je n'ai pu conjurer, et que j'aurais voulu cacher toujours... surtout à vous... mais l'instant approche où nous aurons besoin de tous ceux qui nous aiment.

Il regarde avec précaution pour s'assurer qu'ils sont seuls, et revient à la gauche de Marthe.

MARTHE*. Parlez, parlez, Gontran.

GONTRAN. Lorsque le maréchal s'éloigna, Marie pleurait comme un enfant qui voit partir son père, et le maréchal, qui lui avait donné son anneau de fiançailles, m'ordonna pour la distraire pendant son absence de la conduire souvent à Paris aux réunions de la reine-mère; et depuis ce temps-là Marie se repent d'avoir engagé sa parole, et semble prévoir que son mariage ne pourra la rendre heureuse.

MARTHE. Jésus... Mon Dieu!

GONTRAN. Voilà, ma sœur, la cause de ses larmes, et vous devinez maintenant pourquoi je vais au-devant du maréchal; c'est que ce qui peut lui être aujourd'hui confié comme un malheur, plus tard il l'appellerait trahison, et vous connaissez sa violence. Je veux lui conseiller le calme en le prévenant d'un malheur qui n'est que passager sans doute; puis je veux vous prier, ma sœur, tandis que j'accomplirai cette pénible mission, de vous approcher de Marie pour la distraire dans la solitude.

MARTHE. Je le ferai, mon frère, et nous prierons Dieu pour elle... Je ferai prier tous nos enfants.

GONTRAN. Elle a droit à leurs prières; vous le savez, elle est leur sœur... et vous reviendrez

MARTHE. Quand serez-vous parti?

GONTRAN. Dans deux heures, sans doute.

MARTHE. Dans deux heures je serai près d'elle.

GONTRAN, *accompagnant Marthe, qui sort par la gauche.* Merci! (*Redescendant la scène.*) Oh! je n'ai pas pu te dire, sœur Marthe, que depuis le départ du maréchal l'amour que Marie ne savait même prévoir... est entré violemment dans son âme, et que sanglots et prières n'ont pu l'en détourner. Allons! je suis plus tranquille; je tremblais de la laisser seule depuis qu'elle a reçu la nouvelle de l'arrivée du maréchal. Son morne silence me fait peur. Je l'entends, je crois. (*Regardant dans le pavillon.*) Oui! elle a quitté la fenêtre, elle la ferme... elle vient.

Marie sort tristement du pavillon, ferme la porte en s'essuyant les yeux.

* Marthe, Gontran.

SCÈNE III.

GONTRAN, MARIE.

GONTRAN, *à part.* Elle pleurait.

MARIE, *l'apercevant.* Ah! te voici, Gontran...

GONTRAN. Oui, mademoiselle, ou madame, je ne sais comment je dois vous appeler à cette heure... Le maréchal m'a, lors de son départ, ordonné de vous appeler madame; vous me l'avez depuis défendu bien doucement; mais il sera bientôt de retour, et...

MARIE, *l'interrompant.* Jusque-là, Gontran... toi le témoin de mon enfance, nomme-moi toujours Marie.

Elle lui tend la main.

GONTRAN, *lui prenant affectueusement la main.* Bien volontiers; mais alors, Marie, dites-moi pourquoi tout à l'heure vous pleuriez...

MARIE. Mes larmes étaient bien innocentes; j'étais à la fenêtre quand j'ai vu sortir de l'église de Clichy les orphelins recueillis par notre bon pasteur. Et tu dois bien comprendre que je ne puis les voir sans pleurer, toi qui sais que j'ai eu le même père, et que je devais avoir le même sort.

GONTRAN. Oui, Marie... je comprends ces larmes-là; moi-même, vieux soldat qui ai vu tant de ces pauvres créatures mortes et délaissées sur le pavé des villes désolées par la guerre, je ne peux entrevoir les enfants que notre curé nourrit sans éprouver une émotion... (*Allant près de la table à droite.*) Mais voyez, Marie... Tous les papiers publics qui depuis hier ont été envoyés ici à la maison du maréchal, tous parlent de lui en racontant la prise de la Rochelle. Il est vraiment le héros de cette victoire. L'on dit que le roi lui a dû son salut, et qu'il a décidé le succès des assiégeants... (*Feuilletant les papiers.*) Aussi les uns faisant l'historique de sa vie militaire, disent comment de simple volontaire il est devenu maréchal par sa bravoure... d'autres parlent de son caractère soldatesque, loyal... (*Remarquant la morne préoccupation de Marie. A part.*) Elle ne m'écoute pas.

MARIE, *sortant de sa rêverie.* Je voulais te prier, Gontran, de charger au plus tôt le desservant de notre église de dire dès aujourd'hui des messes pour remercier Dieu de la victoire des assiégeants. Le maréchal se plaindrait à son retour si nous n'avions devancé ses ordres...

GONTRAN. Vous avez raison, Marie; je n'y songeais pas... et je veux me hâter de réparer un impardonnable oubli... C'est que j'ai la tête perdue.

Il va pour sortir, et rencontre un Page qui vient par l'allée de droite avec une lettre à la main; il la remet à Gontran en désignant Marie, et se retire après avoir dit quelques mots à Gontran.

MARIE, *à elle-même.* Le voilà donc arrivé ce jour que je devais tant bénir.... Qu'êtes-vous donc devenues, joies du cœur sans inquiétude et sans terreur?

GONTRAN, *redescendant la scène avec la lettre que le Page lui a remise*.* Voici un message qui vous est apporté du Louvre... Mais... ce n'est pas l'écriture du maréchal... oh! non, le maréchal ne peut être encore à Paris...

MARIE, *toujours rêveuse.* Donne, Gontran.

GONTRAN, *lui donnant la lettre.* Le page qui me l'a remise pour vous m'a dit que le porteur de cette lettre était resté près d'ici pour se mettre à vos ordres s'il vous plaît de le charger d'une réponse... Attendrai-je que vous ayez lu?...

MARIE. Non, Gontran; s'il faut répondre, j'appellerai...

GONTRAN. Je vais au presbytère.

MARIE. Oui, va.

Gontran sort par la gauche.

SCÈNE IV.

MARIE, *puis* FABIUS.

MARIE, *venant s'asseoir près de la table à droite.* Quel peut-être ce message?... (*Elle décachette la lettre.*) Mais... rien n'est écrit sur ce papier. (*Ici Fabius entre lentement par la droite et s'avance inquiet, sans être vu de Marie, jusqu'au milieu de la scène.*) Non, rien... qu'est-ce que cela veut dire? (*Se levant.*) Oh!... je veux rappeler Gontran... (*Apercevant Fabius.*) Fabius!...

Elle s'appuie chancelante sur sa chaise.

FABIUS. Pour la première fois, madame, j'ai osé mettre le pied dans la demeure du maréchal Saint-André... pardonnez-moi, Marie... il fallait qu'à tout prix j'arrivasse près de vous... parce que dans deux jours le maréchal Saint-André sera de retour, et je vous aime... et vous m'avez donné le droit de penser que vous m'aimiez. (*Mouvement de Marie.*) Oui, Marie, regardez votre main (*Marie cherche à cacher ses mains.*) Depuis le jour où j'ai jeté un cri de malédiction en vous voyant au doigt l'anneau de fiançailles du maréchal, vous ne l'avez plus porté. Moi, je vous aime, Marie, plus que l'honneur, qui est ma religion... Un amour comme le mien, qui dévore, élève et transporte... c'est un sentiment plus qu'humain... C'est une

* Marie, Gontran.

puissance qui doit entraîner celle qui l'a fait naître et qui l'inspire... Oui, quand on aime comme j'aime, on doit dire: Nous nous aimons... Et le maréchal revient... Il arrive... entre deux pensées confondues... il vient, Marie, pour vous faire son épouse... il vient, on vous l'a dit, vous le savez... vous voyez bien que même au prix d'un mensonge il fallait que moi, qui vous aime, j'entrasse ici pour vous demander, madame, ce que vous aviez résolu.

MARIE, *avec découragement.* Rien, Fabius... rien.

FABIUS, *vivement.* Vous n'avez donc pas décidé que vous seriez sa femme?...

MARIE. Je n'ai pas dit...

FABIUS, *l'interrompant.* Écoutez-moi, Marie, car cette heure solennelle sera passée bien vite, et sans retour. (*Marie, accablée, se laisse tomber assise, et cache sa tête dans ses mains.*) Je ne fus, moi, qu'un enfant abandonné, recueilli par des mendiants qui m'ont ramassé, parce que j'avais au cou le portrait de ma mère qui était entouré d'un cercle d'or; ils croyaient que bientôt ils pourraient réclamer le prix de leur feinte humanité; mais après quelques années de vaines recherches, ils me perdirent au hasard, et j'étais en proie aux horreurs de la faim, quand le prêtre Vincent de Paul (*mouvement de surprise de Marie*) me prit en pitié, et ne pouvant me nourrir dans un temps de guerre, de peste et de famine, il me déposa sur un bâtiment qui promettait de nourrir pour leur travail quelques enfants de mon âge... C'est ainsi que je devins marin... et pris le nom de Fabius, qui était celui de ce bâtiment sur lequel, le prêtre aidant, j'ai commencé ma vie..... (*Ici Marie l'écoute avec intérêt.*) Et n'ayant ni foyer ni famille, je me suis associé aux plus hardis voyages; à seize ans j'avais fait deux fois le tour du monde; pendant cinq ans j'ai servi comme officier dans la marine royale, puis enfin dans les garde de la reine-mère. Aujourd'hui que je possède une petite fortune acquise dans mes voyages, je vais repartir au loin, dans des pays où les cieux sont d'azur, où la nature est belle, où rien ne se dit de ce qui se passe ici, où l'on ne sait rien des serments insensés de l'enfance, où l'avenir a son espoir, les cœurs aimants leur liberté, et je viens vous demander, Marie, si je dois partir seul...

MARIE, *à part.* Seigneur, ayez pitié de moi. (*Haut.*) Si je partais, Fabius.... mon ingratitude resterait ici pour désoler mon bienfaiteur... (*Avec résolution.*) Je ne partirai pas...

FABIUS. Oui, je le sais, Marie... vous avez un devoir de reconnaissance à accomplir. Et puisque vous avez décidé que vous ne partiriez pas... je veux me résigner à la douleur à laquelle je me sentais condamné d'avance... Je n'insisterai pas, Marie... Pour appeler à moi je ne sais pas commander l'abandon des autres..... Vous n'aimez pas comme j'aime; en me suivant vous auriez des regrets et des remords... Restez... moi, je pars...

MARIE, *se levant.* Mais pas de suite.

FABIUS. Je ne puis rentrer à Paris, où je vous ai tant aimée; je pars sans regarder en arrière... marchant seul au hasard... Que m'importe... la patrie pour moi, c'est partout où n'est pas la France... Mais je ne vous dis pas que le chagrin me tuera... Non, je ne veux pas qu'un mot de pitié m'accompagne. Je vous oublierai... je pourrai vivre... Soyez heureuse, madame... Adieu!

Il va pour sortir.

MARIE, *avec désespoir.* Fabius!...

FABIUS, *revenant sur ses pas.* Vous pleurez... mais que dois-je faire, mon Dieu!... que faire?...

MARIE. Ne partez pas encore...

FABIUS. Mais demain le maréchal arrive.

MARIE, *avec terreur.* Demain!... eh bien! demain vous partirez.

FABIUS. Demain.... oui, j'attendrai, Marie... j'attendrai... oh! ne tremblez pas... je ne vois dans ce mot demain que le retard de ma condamnation... que le combat d'une âme irrésolue... et je suis heureux parce que vous me permettez encore un jour, non d'espérance, mais de doute... (*Montant la scène pour sortir.*) Et ce doute qui console, je veux l'emporter avec moi sans vous laisser le temps de l'anéantir... (*La retenant.*) Mais ne m'accompagnez pas... nous ne devons pas encore nous dire adieu... je retourne à Paris... restez, Marie... Ah! tu ne m'as donc pas encore condamné, Seigneur...

Il s'échappe par la droite.

SCÈNE V.

MARIE, *seule et avec épouvante.*

Demain!... et demain je ne pourrai le suivre... et pourtant si je faiblis encore au moment de son départ... si... Oh! pensée criminelle... n'entre pas dans mon cœur... pardonne-la-moi, mon Dieu!... pardonne-moi... je suis folle!... mais cette folie me sauvera, car tu veux, n'est-ce pas, mon Dieu!... qu'elle m'entraîne en me conseillant, non pas le crime... mais la mort... seul refuge où doit s'éteindre la mort et la souffrance... Oui, reviens à moi, résolution bien prise, oui, (*prenant une lettre dans son sein*) marche à ta destination, lettre écrite depuis longtemps, et qui doit faire que mon bienfaiteur n'aura pas le droit de maudire. (*Avec larmes.*) Et toi, Fabius... oh ! je veux t'écrire... c'est une faute, je le sais; mais si malheureuse que je sois, il me faut au moins la consolation de penser qu'en apprenant ma mort Fabius ne supposera pas que Marie ne savait pas l'aimer.

Elle va s'asseoir avec résolution à la table à droite et écrit.

SCÈNE VI.

MARIE, GONTRAN.

GONTRAN, *entrant par la gauche.* Il faut que je la prévienne de mon départ... je ne puis plus tarder... Ah ! elle écrit.

MARIE, *cachant rapidement sa lettre.* Ah ! c'est toi, Gontran?

GONTRAN. Oui, Marie.. vous répondez à ce message ?

MARIE, *vivement.* Oui, Gontran... mais le messager est parti... et je veux te charger d'envoyer ces deux lettres au Louvre, où le maréchal arrivera demain.

GONTRAN. Je les porterai moi-même..... à l'instant.

MARIE, *lui donnant les lettres.* Oui, Gontran, il faut qu'elles soient fidèlement remises...

GONTRAN, *prenant les lettres.* Donnez. (*Marie lui donne les deux lettres et reste pensive. A part.*) Je vais envoyer ces lettres par quelqu'un de fidèle... et tandis qu'elle me croira sur le chemin du Louvre, je serai sur la route du maréchal. (*Allant vers la porte.*) Je vais me hâter, Marie...

MARIE. Mais dis-moi... Gontran... (*Gontran s'arrête.*) Tu ne m'embrasses pas.

GONTRAN, *l'embrassant.* Oh ! pardonnez, je serai bientôt de retour. (*A part, avec inquiétude.*) Pourquoi cet excès de tendresse... heureusement Marthe ne tardera pas.

Il sort par la droite.

SCENE VII.

MARIE, *puis* VINCENT.

MARIE, *seule.* Maintenant je n'ai plus qu'à prier... ma sentence est partie, et personne à qui faire mes adieux ! personne... (*Apercevant Vincent, qui est entré par la gauche.*) Ah ! mon père...

Elle court dans ses bras.

VINCENT, *l'embrassant au front.* Marie... ma fille !... je te revois... je suis content, je suis heureux : quand après avoir fait un pénible voyage je revois mes enfants, j'oublie bien vite les tourments de la route.

MARIE, *lui présentant un siége, à droite*.* Reposez-vous, mon père.

VINCENT. Oui, ma fille... mais d'abord... laisse-moi regarder tout ce qui m'entoure... le jardin... la maison... le clocher de mon église. Je suis venu près de toi sans m'arrêter, et je n'ai pas encore revu ce pays que je contemple toujours avec tant de joie toutes les fois que je le retrouve ; il y a pourtant des gens qui disent qu'il n'est pas beau notre village... c'est le foyer... c'est le repos... c'est la famille... et tous les châteaux, toutes les cathédrales ne valent pas pour moi la maison du maréchal et mon petit presbytère.

MARIE. Et vous n'avez pas été heureux dans votre pèlerinage ?

VINCENT, *s'asseyant.* Hélas! mon enfant, tu le sais, je cours toujours après la charité, et depuis trois mois, marchant de ville en ville, de village en village, c'est à peine si j'ai pu rencontrer son ombre ; je n'ai recueilli que quelques aumônes; tu sais, je les ai envoyées à Marthe; mais tout cela a dû suffire à peine pour faire vivre nos enfants au jour le jour. Je me suis pourtant adressé à tout le monde, aux puissants, aux pauvres. Les ministres d'état m'ont dit que les frais de la guerre avaient épuisé le trésor public ; les bourgeois, que la guerre avait fait doubler leurs impôts; les paysans, que le passage des soldats avait détruit leurs moissons. Ah! c'est un chose bien dure que de quêter pendant la guerre ! Mais les hostilités sont finies ! le maréchal revient, et j'espère en sa bonté, il m'a toujours aidé de ses bienfaits. Et c'est près de toi, qu'il a reçue de mes mains, que je viens puiser un nouveau courage... Oui, Marie, quand je suis inquiet du sort à venir de mes enfants, je me console en pensant à toi... je me souviens que je t'ai confiée, pauvre fille, au maréchal Saint-André, que ton enfance a été douce, que ton mariage va t'assurer à jamais une existence heureuse. Et je me dis : Dieu est juste ; il fera sans doute pour les autres enfants ce qu'il a fait pour elle. Eh bien ! tu ne me réponds pas ; mais prouve-moi donc un peu que tu es heureuse de mon retour. Ah ! tu vois bien que j'ai besoin de beaucoup d'espérance. Voyons, que je te retrouve au moins comme autrefois, bien folle, bien joyeuse !

MARIE, *à part.* Oh ! sa joie me fait mal; je n'oserai jamais lui dire...

VINCENT, *à part.* Marthe avait raison. Ah!... c'est plus grave que je ne pensais... Pauvre enfant ! (*Se levant.*) C'est par ton ordre, mon Dieu, que marchant pour les autres... je me suis éloigné d'elle; mais me voici de retour, voyons. (*A Marie.*) Voyons, ma fille, qu'avez-vous ?

* Marie, Vincent.

MARIE. Ne m'interrogez pas, mon père... oubliez-moi.

VINCENT. Mais vous savez bien, mon enfant, que je ne le pourrais pas. Voyons, parlez-moi, répondez-moi, que je sache au moins la cause des pleurs de mon enfant.

MARIE. Je ne l'oserai jamais.

VINCENT. Et si je la savais...

MARIE, *avec force.* Vous ne la savez pas, mon père... vous l'ignorerez toujours.

VINCENT, *lui prenant la main.* Marie!... ce n'est pas le maréchal Saint-André que vous aimez d'amour.

MARIE, *épouvantée.* Vous le saviez?

VINCENT. Je le savais.

MARIE, *se courbant avec frayeur.* Et vous ne me maudissez pas!

VINCENT. Eh! non, je ne te maudis pas. (*La relevant.*) Mais je te plains de toute mon âme, pauvre enfant; tu souffres... Assieds-toi, et dis-moi bien la cause de tes douleurs.

MARIE, *après s'être assise.* Mon père, je ne puis vivre sans être ingrate... et je voudrais mourir pour ne pas vivre coupable.

VINCENT. Tu as dix-huit ans, ma fille; la mort est bien loin de toi.

MARIE, *avec exaltation.* Quand la mort ne vient pas, le désespoir qui entraîne peut conduire auprès d'elle.

VINCENT. Ah! vous voulez mourir; mais vous ne savez donc pas que le suicide est le plus grand des crimes, puisqu'il est le seul qui ne permette pas le repentir? Vous n'avez donc plus ni religion ni croyance; vous pensez donc que tout sera fini pour vous lorsque vous aurez quitté la vie? Ah! vous voulez vous tuer! et moi, qu'est-ce que je deviendrai? Mon Dieu! il ne lui est donc jamais arrivé de songer au malheur qu'elle laisserait après elle! elle n'a donc jamais cru le vieillard quand il lui a dit tant de fois qu'elle était son espérance et sa vie, et qu'il mourrait de douleur s'il la perdait criminelle!... Elle n'a donc pas même pensé que mon existence est nécessaire aux enfants abandonnés, dont je suis l'unique soutien.... et qu'enfin Dieu, lui demandant compte un jour de son crime, sera sans pitié pour nous, et que le châtiment sera terrible!

MARIE, *en tombant à genoux.* Grâce! grâce, mon père!

VINCENT. Mais rien n'est encore perdu; si tu le veux, tu peux tout réparer... Vois combien est grande la miséricorde de Dieu; tu étais sur le bord de l'abîme, il m'a conduit près de toi; j'arrive, je reviens à temps... il t'envoie le prêtre qui doit tout soulager, tout pardonner, et auquel tu peux dire : Venez à mon secours, mon père, je souffre.

MARIE, *toujours à genoux.* Mais le prêtre ne peut savoir quels sont les tourments d'une passion funeste, et les transports que la prière ne peut détruire.

VINCENT. Et qui vous dit que le prêtre ne le sait pas?

MARIE, *se relevant.* Quoi! mon père...

VINCENT. Croyez-vous donc, enfant, qu'il suffit de tendre la main pour recevoir la grâce du Seigneur, et que le prêtre n'a pas eu, comme les autres hommes, sa jeunesse, ses dangers, ses luttes et ses orages? Croyez-vous qu'il a triomphé sans combats, et qu'il est devenu digne serviteur de Dieu sans verser une larme?.. Non, mon enfant; médecin de l'âme, il en connaît tous les égarements, toutes les tortures. Echo de toutes les souffrances humaines, il peut leur répondre à chacune d'elles par un mot qui console. Et d'ailleurs n'a-t-il pas accès dans les familles? ne peut-il ajourner un mariage... commander la patience et prier le Seigneur?

MARIE. Vous ferez tout cela, mon père?...

VINCENT. Oui, mon enfant, oui... (*Entendant du bruit.*) Mais j'entends venir?...

MARIE. Ce ne peut-être que Gontran!...

VINCENT. N'importe, éloignons-nous ma fille, que personne ne puisse voir tes larmes, que personne ne puisse soupçonner...

MARIE. Venez, mon père, dans mon oratoire... Oh! ne me quittez pas encore!...

VINCENT. Pauvre enfant égaré, sois tranquille, je ne te quitterai pas sans t'indiquer le chemin... va, va ma fille!... (*Elle rentre dans le pavillon.*) Oh! mon Dieu! fais que je puisse la sauver!..

Il entre dans le pavillon; Gontran entre par la droite.

SCENE VIII.

GONTRAN, LE MARÉCHAL *.

GONTRAN, *entrant. Avec inquiétude.* Elle n'est pas là.....heureusement!...

LE MARÉCHAL, *entrant et se découvrant.* Salut, asile où mon bonheur repose.. salut!... (*A Gontran.*) Ainsi, Gontran, tu allais à ma rencontre?...

GONTRAN. Après être resté trois mois à songer chaque jour qu'une balle pouvait vous ranger dans la légion des absents, quand j'ai su que sain et sauf vous deviez être à quelques lieues de nous... je n'ai pu rester tranquille!

LE MARÉCHAL. Embrasse-moi donc encore... Oh! oui, mon brave, les dangers étaient grands, les combats étaient beaux!... Si tu avais été des nôtres les jours de bataille, tu aurais retrouvé le bon temps: l'on se battait

* Gontran, le Maréchal.

corps à corps, officiers et soldats pêle-mêle, et si tu avais été de la fête le jour de la victoire, tu aurais été bien fier de ton viel ami; tu l'aurais vu embrassé par son roi, qu'il avait su garantir !... Proclamé vainqueur par le cardinal ministre, qui, découragé, songeait à la retraite, quand mes cavaliers, suivant leur chef à pied, sont venus remplacer les fantassins qui faiblissaient, et chasser les assiégés jusque dans les maisons écartées de leur ville!.. (*Prenant un parchemin qu'il déplie.*) Tu m'aurais vu, Gontran, recevoir de leurs mains ce blanc-seing signé de son ministre et du roi, sur lequel il m'est permis d'écrire, selon ma volonté, telle ordonnance, tel arrêt qu'il me plaira, et tu aurais entendu les applaudissements de l'armée... quand le cardinal a déclaré que, pour le choix de sa récompense, le roi se fiait à sa justice, à l'honneur du maréchal Saint-André; puis tu m'aurais vu pensif au milieu du cortége, n'entendant plus ni les acclamations ni les fanfares..... et ne songeant qu'au village de Clichy, où vous m'attendiez, amis !... tu m'aurais vu inquiet, impatient, m'échapper mistérieusement et peu soucieux des honneurs que nous prépare la grande ville, prendre seul un autre chemin, que j'ai suivi le cœur plein d'amour et de jeunes espérances... (*Mouvement de Gontran.*) Et puis enfin tu m'aurais vu rêveur comme un jeune homme jusqu'au moment où tu m'as rencontré sur le chemin de ma demeure, où je suis heureux d'arriver incognito, sans bruit !... Oh ! je ne veux pas que Marie soit prévenue de mon retour !... Non, je veux écouter ses rêves, et dire en lui donnant ce parchemin à son premier réveil : Parle, enfant, que veux-tu ?.. celui qui donne est de retour; veux-tu que ta couronne de mariée soit celle d'une duchesse?...

GONTRAN, *à part, ne pouvant plus se contenir.* Par la mort Dieu !...

LE MARÉCHAL, *remarquant son geste.* Tu t'étonnes, ami... Pardonne-moi donc tout cela.. Mon amour pour Marie... vois-tu, c'est presque de la démence !... Oh ! je le sais, pour être un jeune fou, il me manque la jeunesse... mais j'ai bien toute la folie de l'amour... et cette folie, Gontran... c'est la vie... c'est le bonheur...

GONTRAN, *à part.* C'est le malheur...

LE MARÉCHAL. Et je veux m'y abandonner en insensé... Je veux annoncer notre mariage à tous nos seigneurs, et leur dire : J'épouse une femme plus jeune et plus belle que toutes les vôtres... combler de mes générosités les soldats infirmes, les enfants trouvés, je veux...

GONTRAN, *l'interrompant.* Mais, quand voulez-vous que ce mariage... s'accomplisse?

LE MARÉCHAL. Demain sans retard... Oh ! je n'ai rien dit pendant que l'on se battait... mais la paix est signée, et j'ai hâte de me vanter de l'amour de Marie!...

Ici la nuit commence et progresse jusqu'à la fin de l'acte.

GONTRAN, *avec fermeté.* Allons... l'heure est venue...

LE MARÉCHAL, *l'observant.* Mais qu'as-tu donc ?...

GONTRAN. En perdant la tête... vous me la ferez perdre aussi !...

LE MARÉCHAL. Mon amour t'épouvante...

GONTRAN. Oui, maréchal !...

LE MARÉCHAL, *souriant.* Cœur de pierre... viens... je veux entrevoir Marie !...

GONTRAN. Un seul mot, maréchal.

LE MARÉCHAL. Que veux-tu ?...

GONTRAN. Vous faire une question !...

LE MARÉCHAL. Laquelle ?...

GONTRAN. Un jour !...

LE MARÉCHAL. Ah ! oui, il était une fois un roi et une reine...

GONTRAN. Je ne serai pas long, maréchal. Un jour, un fermier avait la main, le bras pris par la roue d'un moulin... et tout son corps allait être mutilé... quand son serviteur lui coupa le bras d'un coup de hache, ramassa son maître évanoui par la blessure, et le veilla jusqu'à ce qu'il fût rétablit... Que pensez-vous de ce serviteur ?...

LE MARÉCHAL. Qu'il avait le courage de l'héroïsme...

GONTRAN. Et cependant, revenant à lui, le fermier lui a dit qu'il aurait mieux fait de le laisser mourir.

LE MARÉCHAL. On dit toujours cela dans les angoisses de la douleur... Mais où veux-tu en venir ?

GONTRAN. Maréchal, la roue du moulin va vous briser, et je tiens la hache.

LE MARÉCHAL, *courageusement.* Frappe sans peur...

GONTRAN. Maréchal...... vous ne pouvez épouser Marie.... car elle en aime un autre.

LE MARÉCHAL. Mon Dieu !...

Il chancelle et tombe sur une chaise à gauche.

GONTRAN. Vous m'avez ordonné de la conduire aux réunions de la reine, je l'ai fait, et là son jeune cœur a trouvé un jeune cœur... elle aime avec passion.

LE MARÉCHAL. Gontran !

GONTRAN. Peut-être par reconnaissance elle sera votre épouse, mais mourante, résignée... Oh ! Marie ne veut pas mentir, une lettre qu'elle vous adressait au Louvre vous dit sans doute ses douleurs... mais je ne veux pas, moi, maréchal, que vous acceptiez un sacrifice qui vous donnerait le ridicule; je me souviens de ce qu'il y a vingt ans le ridicule vous a coûté...

LE MARÉCHAL. Et je ne suis pas mort au

combat!... (*Se levant.*) Tu savais cela, toi, Gontran, et tu ne m'as pas tué quand tu m'as vu revenir!... quel est celui qu'elle aime?

GONTRAN. On l'appelle Fabius.

LE MARÉCHAL. Le marin Fabius... enfant trouvé comme elle. Mais c'est donc pour le malheur des autres qu'on les prend en pitié!... Riche ou pauvre, je veux l'élever.... jusqu'à moi, je veux un adversaire.

Il marche avec agitation.

* GONTRAN. Vous ne pouvez vous battre avec lui... tout duel a ses hasards.

LE MARÉCHAL. Qu'importe?

GONTRAN. Et s'il vous tuait?

LE MARÉCHAL. Tant mieux!.. (*Après avoir réfléchi*). Si je meurs... libres tous deux. Mais il n'en sera pas ainsi. Malheur ou destinée qui me condamne, « tu ne me courberas pas sous » ta main de fer sans que j'aie la vengeance. » L'homme a pour répondre à tes malédictions, « sa fierté qui défie, et sa colère qui tue. » (*Avec transport.*) Non! si je dois mourir, Marie ne pourra vivre pour un autre, et cette femme que tu m'arraches, destin!... je veux te la prendre aussi, moi... je la ferai morte en te défiant, et quand j'irai provoquer ce Fabius, je pourrai te braver dans ma rage.... Marie!... où est-elle?.... Ma tête s'égare.... je deviens fou... fou.

GONTRAN, *à part.* Nous sommes au fort de sa colère..... si je pouvais l'arracher d'ici maintenant... (*Au Maréchal.*) Songez-bien, maréchal, que vous ne pourriez frapper Marie sans que la justice des hommes...

LE MARÉCHAL. La justice des hommes, je la tiens sous mes pieds... (*Prenant le blanc seing dans sa ceinture.*) Et sais-tu ce que je veux écrire sur ce blanc seing que je destinais au caprice de Marie? J'y veux écrire ces mots : « Nous faisons grâce au maréchal » Saint-André, meurtrier d'une femme qui » le trahissait. » Et sans retard...

Il va pour écrire sur la table à droite.

GONTRAN, *l'arrêtant.* Attendez! Marie vous a adressé une lettre au Louvre. Demain cette lettre vous reviendra..... Si je m'étais trompé... moi.

LE MARÉCHAL. Cette lettre, Gontran, je veux aller la chercher à l'instant.

GONTRAN. J'allais vous le conseiller, maréchal : dans une telle inquiétude, on ne peut attendre... et je veux vous suivre...

LE MARÉCHAL, *réfléchissant.* Oui.... je dois voir cette lettre.

* Le Maréchal, Gontran.

VINCENT, *sortant du pavillon et apercevant le Maréchal.*) Du monde!... le maréchal de retour...

LE MARÉCHAL. Viens, Gontran, et si cette lettre me condamne sans espoir, j'en mourrai, Marie... mais je ne mourrai pas seul... Partons, Gontran.

Ils sortent rapidement par la droite.

SCÈNE IX.

VINCENT, *puis* MARIE.

VINCENT, *avec terreur.* Gontran lui a tout dit..... sa colère éclate et sa violence a condamné Marie..... Mais non, maréchal, elle n'est pas à toi, elle m'appartient..... tu me trouveras devant elle... et comme je l'ai sauvée, je te sauverai toi-même... Oui, pour t'arrêter sur le chemin du crime, Dieu me donnera la persuasion, l'éloquence.... et maintenant il m'ordonne la prudence.... Je ne puis veiller près de Marie, mais je veux la mettre sous ma garde.... Il faudra, maréchal, que tu viennes la chercher dans mes bras... (*Ouvrant la porte du pavillon.*) Venez, ma fille Marie.

MARIE, *entrant.* Vous n'êtes pas parti, mon père?...

VINCENT. Marie, le maréchal est de retour...

MARIE, *épouvantée.* Que dites-vous?...

VINCENT. Oui, ma fille!...

MARIE. Où me cacher?

VINCENT. Ne tremble pas ainsi, ma fille... du courage.

MARIE. Je ne pourrais supporter ses reproches; laissez-moi fuir.

VINCENT, *la retenant.* Marie!...

MARIE. Que ne suis-je morte! mon Dieu!

VINCENT. Encore un blasphème, mon enfant! du courage!

MARIE. Ah! ne me quittez pas, mon père.

VINCENT. Je ne puis rester ici, ma fille; il faut me suivre au presbytère.

MARIE. Partout où vous voudrez, mon père. (*Avec égarement.*) J'ai peur ici.

VINCENT. Sa tête s'égare; mon Dieu, ne l'abandonne pas! et permets que je puisse sauver ces deux infortunés du crime. Venez sans retard, venez, ma fille!

Il l'entraine par la droite.

ACTE DEUXIÈME.

Une salle des appartements du Maréchal. Grande porte au fond, autre petite porte à droite de la grande. Porte latérale au deuxième plan, à gauche. Sur le mur, à droite, un faisceau d'armes. Au premier plan, à droite, une table riche sur laquelle sont des dés, un cornet et un sablier.

SCÈNE PREMIÈRE.

Au lever du rideau, le Maréchal tenant une lettre à la main, entre lentement sur les dernières mesures de l'orchestre et s'arrête vers le milieu de la scène.

LE MARÉCHAL, *avec réflexion et douleur.*

O terreur !.... espoir, remords, soupçon mortel !... pourquoi vous disputez-vous sans cesse mon âme ?..... destin qui me braves et que je dois maudire, toi qui me cachais sous le bonheur tes piéges perfides, pourquoi me secourais-tu dans les batailles ? Tandis qu'au bruit des combats je gagnais la renommée, dans ma maison, que je croyais à l'abri de tout orage, tu versais comme un poison l'amour dans le cœur de Marie !.... Mais non ! tant de jeunesse et de beauté ne peuvent avoir été tout à coup effacées de ce monde ! et cependant je ne puis pas même la contempler dans son sommeil ; vainement Gontran et mes pages ont cherché Marie morte... Rien... rien que cette lettre.... qui détruit jusqu'à l'ombre de l'espoir. (*Il lit.*) « Soutien » de ma jeunesse, ami de mon enfance, » écoutez sans maudire l'aveu que Marie » n'ose vous faire que le pied dans la tombe.... Un amour invincible est entré dans » son âme et la consume... Malgré les pleurs » et les prières, elle meurt parce qu'elle se » sent indigne du plus noble des hommes... » Cet amour devait outrager son bienfaiteur, » sa mort seule pouvait détruire et l'amour » et l'offense ; n'accusez pas Marie, vous ne » serez pas offensé... A l'heure où vous lisez » ces lignes, elle a cessé de vivre... » (*Parlant.*) Ce triste aveu, Marie, me laisse encore une espérance... mais sanglante et terrible !..... (*Apercevant Gontran, qui vient d'entrer par le fond.*) Eh bien, Gontran ?...

SCÈNE II.

LE MARÉCHAL, GONTRAN.

GONTRAN. Toutes mes nouvelles recherches ont été vaines aussi..... le jour n'a fait que confirmer mes soupçons de cette nuit, et je me dis encore qu'il n'y a que le fleuve qui puisse être ainsi discret et silencieux...

LE MARÉCHAL, *à part.* Toujours le doute !...

GONTRAN. Comme vous me l'avez ordonné, je suis allé pour appeler près de vous notre saint pasteur, et le desservant, que j'ai rencontré sous le portique de l'église, m'a dit qu'avant le jour notre père était parti pour assister un mourant dans une ferme des environs, et nous devons attendre son retour...

LE MARÉCHAL. J'ai demandé le prêtre en cet instant terrible, comme on cherche un rosaire au fort de la tempête... et maintenant je redoute sa présence, car lui qui m'a donné Marie tout enfant, que dira-t-il en entrant dans ma maison en deuil ?... va-t-il consoler ? va-t-il maudire ?...

GONTRAN. Vincent de Paul n'a jamais maudit, maréchal ; il souffrira comme nous, voilà tout..... (*Avec explosion.*) Oh ! sang Dieu !... je ne me consolerai jamais de vous avoir entraîné pour chercher cette lettre, car à l'heure de notre départ pour Paris il était peut-être temps encore...

LE MARÉCHAL, *l'interrompant.* Oh !..... ne nous accusons pas !... n'accusons que la destinée... ne rejetons pas sur nous la cause du grand malheur.... Non !.... je serais trop coupable, moi, qui aurais sauvé Marie si j'eusse étouffé ma passion pour elle quand je la sentis naître en mon cœur... et cependant on ne peut empêcher que le jour brille, que le feu brûle... et quand l'amour qui vient au cœur de l'homme lui montre en plein soleil les plus grandes joies de la terre, l'homme peut-il deviner le malheur qui se cache dans l'ombre ?..... Non, Gontran..... seulement quand l'écueil imprévu le brise, il s'effraye, il regarde en arrière... et quand il voit alors l'ange à terre, la jeune fille morte... il se dit en s'arrachant les cheveux..... Et c'est moi qui l'ai tuée !...

GONTRAN. Maréchal !...

LE MARÉCHAL, *avec force.* Eh ! ce n'est pas là, Gontran, le plus grand de mes maux ; car si je pouvais m'abandonner au désespoir, peut-être que je m'engourdirais dans la douleur ; mais un soupçon mortel...

GONTRAN. Un soupçon ?... et lequel ?...

LE MARÉCHAL. Nous n'avons pu, Gontran, retrouver les restes de Marie... si elle vivait encore.... (*Mouvement de Gontran.*) Si après m'avoir écrit cette lettre, elle avait pris la fuite avec celui qu'elle aime?...

GONTRAN. Marie était belle et noble de cœur... elle est morte... ne l'outrageons pas, maréchal...

LE MARÉCHAL. Oh! c'est que l'homme qui souffre est injuste et cruel, c'est qu'il perd toute croyance, et se dit que souvent les plus belles fleurs ont des poisons, les plus beaux jours des orages, et quand un éclair de jalousie... lui traverse la tête...

GONTRAN. Un éclair dure si peu!...

LE MARÉCHAL. Mais, plus rapide que l'éclair, ma pensée me dit que cela pourrait être. (*Avec une fureur concentrée.*) Si cela était...

La porte latérale de gauche s'ouvre. Fabius, pâle, défait, paraît et reste sur le seuil de la porte.

SCÈNE III.

LES MÊMES, FABIUS.

LE MARÉCHAL. Qui vient là?

FABIUS, *à part.* Le maréchal!

LE MARÉCHAL. Qui êtes-vous?

FABIUS. On m'appelle Fabius.

LE MARÉCHAL, *faisant un mouvement. A part.* Celui qu'elle aimait!.. (*Gontran le retient. Après une réflexion.*) Et que voulez-vous?...

FABIUS, *s'avançant, l'air égaré.* Je ne sais plus... tant de choses se sont passées depuis quelques heures que ma raison me fuit.... laissez-moi rappeler mes souvenirs... Ah! oui, c'est cela... Marie m'a écrit : « Quand vous » lirez cette lettre, j'aurai cessé de vivre... » Bientôt, sans m'être aperçu que j'avais fait la route, j'étais au village de Clichy, voulant interroger tout le monde et n'osant m'adresser à personne, pour savoir si cette lettre était mensonge ou réalité... Alors, la tête en feu, le cœur brisé..... versant des pleurs ou de regret ou de rage..... l'œil inquiet, j'épiais, je cherchais si je pourrais apercevoir l'ombre d'une femme ou d'un linceul. Quand j'entendis vos pages se dire entre eux qu'ici l'on pleurait la jeune fille trépassée, la vérité se révélant ainsi tout à coup, doute, idée de vengeance, espérance mensongère, ont disparu; je n'ai plus trouvé de force même pour un cri de douleur... un désespoir muet m'a guidé..... j'ai traversé le vestibule de la maison.... j'ai monté les degrés.... un vague instinct m'a dit : C'est ici qu'est morte Marie.... c'est ici qu'on la pleure.... et je suis entré...

LE MARÉCHAL. Et que venez-vous donc chercher ici?...

FABIUS. La vie... si l'on peut vivre encore... la mort, si l'on me tue! Ce que je viens chercher.... c'est le sanctuaire où l'on prie... c'est la place de mes deux genoux sur la pierre de sa tombe...

LE MARÉCHAL. Et vous ne saviez donc pas que moi j'aimais Marie?... d'amour...

FABIUS. Je le savais, maréchal; mais on ne peut être jaloux de la douleur... et la rivalité s'éteint devant la mort... Qui l'aimait bien, ne peut avoir aujourd'hui ni l'énergie de la haine, ni le courage de la défense... la veille, peut-être, les épées devaient se croiser; mais le jour de la mort les larmes doivent s'unir. Enfin, monsieur, avant d'entrer ici, j'ai jeté mon épée.... demain, plus tard, si vous le voulez, je saurai la ramasser, et nous aurons, s'il le faut, le repentir et le combat..... Mais qu'à cette heure il me soit permis de la pleurer dans l'asile d'où sa jeune âme a dû partir... voilà ce que je viens vous demander en suppliant, et ce que, s'il le faut, monsieur.... (*s'agenouillant*) je vous demande à genoux...

LE MARÉCHAL *cache sa tête dans ses mains. Après un moment de silence.* Votre audacieuse présence, monsieur, vient de détruire en mon âme un soupçon criminel, et je vous en rends grâce... (*A part.*) Elle ne m'a pas trahi...

GONTRAN. Je le savais bien, maréchal.

LE MARÉCHAL, *à Fabius.* Comme vous l'avez dit, la rivalité doit s'éteindre devant la mort... Non, ce n'est point aujourd'hui le jour de la lutte ou des reproches; c'est l'heure solennelle où les vivants doivent prier pour les morts... Soyez donc le bienvenu, vous, jeune homme, qui pleurez...

Fabius se relève.

FABIUS. Merci!... merci à vous qui savez plaindre et souffrir...

Ici, Vincent entre par le fond.

SCÈNE IV.

LES MÊMES, VINCENT.

FABIUS, *allant à Vincent.* Mon père!... mon père sauveur...

VINCENT, *l'examinant.* Fabius.... mon enfant... mais qui t'amène ici?

FABIUS, *pleurant avec désespoir.* O mon père!...

VINCENT. Qu'y a-t-il donc? (*Silence de Fabius. Interrogeant le Maréchal.*) Mais qu'y a-t-il?...

LE MARÉCHAL. Vous le demandez, mon père?... Mais vous ne savez donc rien?...

VINCENT *. Rien !... j'ai été forcé cette nuit de quitter le presbytère pour me rendre auprès d'un agonisant... je viens de recevoir sa confession et son dernier soupir, et je me suis hâté d'arriver ici; car j'ai besoin de causer avec vous, maréchal. Et maintenant que je vous ai dit que je ne savais rien, hâtez-vous de m'instruire. Que s'est-il donc passé ? (*Silence.*) Vous ne répondez pas... vous pleurez... mais vous me faites souffrir... (*A Gontran.*) Voyons, parle, toi... Gontran....

Silence de Gontran.

SCÈNE V.

LES MÊMES, MARTHE.

MARTHE **, *entrant précipitamment par la gauche.* Mon père... ah ! je vous trouve ici !... Il faut que vous détruisiez mon inquiétude. Marie... mon père, où est-elle?... Après votre départ, cette nuit, elle était demeurée triste, réfléchie... lorsqu'au jour, elle s'en alla pleurante s'appuyer sur la fenêtre et semblait regarder au dehors à travers les vitraux... tout à coup, comme saisie d'une prompte résolution... elle s'est échappée du presbytère, sans que je puisse la retenir ou la questionner... Depuis trois grandes heures elle n'y est pas revenue...

VINCENT, *l'interrompant et avec épouvante.* O mon Dieu ! mon Dieu !...

LE MARÉCHAL, *lui donnant la lettre de Marie.* Lisez... lisez, mon père...

VINCENT, *reculant en voyant la lettre.* Qu'est cela?... (*Il la prend en tremblant. Après avoir lue.*) Elle m'a donc oublié..... Morte !...

MARTHE. C'est impossible... mon père !...

VINCENT, *vivement.* N'est-ce pas? cela ne peut être... Oh ! dites-moi, dites-moi, mes frères, que vous doutez encore... Ne versez plus ces pleurs qui confirment une vérité qui pour moi serait mortelle... Oui, Marie ! je l'ai prise à Dieu pure comme l'agneau sans tache, et si je l'ai laissée retourner coupable auprès de lui, c'est que ma voix a perdu sa force et sa puissance... Mais dites-moi donc un mot qui me rattache à l'espérance, car lorsque l'espérance quitte le prêtre, c'est que Dieu lui retire sa grâce... et le malheureux prêtre abandonné succombe...

LE MARÉCHAL. Courage... courage, mon père...

VINCENT, *avec découragement.* Oh! vous êtes bien sûrs de sa mort... puisque vous me conseillez... le courage... C'est donc vrai... mon Dieu ! Je n'ai plus qu'à mourir...

* Gontran, le Maréchal, Vincent, Fabius.

**Gontran, le Maréchal, Vincent, Marthe, Fabius.

FABIUS. Mon père, il nous faut vivre pour unir nos prières...

VINCENT. Vivre?... oh ! vous pouvez lui survivre, vous qui, rivaux hier, ne pouviez exister avec elle, ou sans elle... Chacun de vous, à cette heure, l'aime mieux calme dans un cercueil que vivante aux bras de l'autre.... Mais moi, j'ai perdu sans refuge mon enfant préféré !

MARTHE, *pleurant.* O mon père !...

VINCENT, *la regardant avec résignation.* Pleure !... pleure, pauvre Marthe... et dis-moi qui sauvera nos orphelins, quand celui qui les a recueillis ne peut les garantir.... (*Avec conviction.*) Et pourtant, mon Dieu... j'ai fait le bien dans ma vie !... Mais je fus vaniteux... tu m'en punis, Seigneur... Il faut plus que la vie d'un seul homme pour accomplir l'œuvre que j'ai commencée !... Adieu, présomptueuse espérance, rêve tant aimé que d'autres verront s'accomplir ! adieu, pauvres enfants !...

LE MARÉCHAL. Oh ! ne désespérez pas, mon père... courage... j'irai moi-même implorer pour eux le roi de France... j'obtiendrai des secours...

VINCENT. Vous ferez cela, mon frère?

LE MARÉCHAL. Je le promets; et que cet espoir vous console.... Songez qu'il leur faut un père...

VINCENT. Oh... oui, c'est d'un mauvais chrétien, n'est-ce pas, de ne pouvoir résister au malheur?... Pardonne-moi, mon Dieu, si je ne puis me résigner sans donner une larme de regret aux choses de la terre... ma famille était si belle... Oh ! je lutterai... Seigneur... mais vainement... car Marie c'était l'étoile qui me guidait... Je succomberai sous mes efforts... son oubli sera ma mort...

SCÈNE VI.

LES MÊMES, MARIE *.

MARIE, *ouvrant la petite porte du fond et paraissant toute en pleurs.* Marie ne vous a pas oublié... mon père !...

VINCENT, *l'apercevant.* Marie !...

Elle tombe dans ses bras.

LE MARÉCHAL *et* FABIUS. Vivante !...

VINCENT, *serrant Marie contre son cœur, et avec ferveur.*) Oh !... je n'ai pas blasphémé... Seigneur !... j'ai pleuré, j'ai souffert; mais... j'espérais encore !...

MARIE, *d'une voix brisée.* Non, Marie n'avait oublié ni son père ni ses conseils... Et ces lettres qui vous ont trompés, je les

* Gontran, le Maréchal, Marie, Vincent, Marthe, Fabius. Marthe se tient au fond.

avais écrites avant que votre doigt paternel me montrât l'abîme où j'allais tomber...

VINCENT. Mais pourquoi donc as-tu quitté ma demeure?...

MARIE. Parce que, mon père, (*regardant le Maréchal et Fabius*) j'ai pressenti que deux hommes... dont j'ai mérité la colère... allaient peut-être s'accuser l'un et l'autre du mal que je leur ai fait à tous deux... (*Mouvement du Maréchal et de Fabius.*) Parce que je craignais pour eux la lutte ou le défi.... parce que, seule coupable enfin... je voulais pouvoir me jeter entre eux au moment du combat... Et, secrètement, je suis rentrée dans la maison; et bien cachée près d'ici, tremblante, inquiète et n'osant à peine respirer, j'écoutais: j'entendis leurs voix, tous deux me croyaient morte... mais aucun ne blasphémait; ils étaient assez généreux pour ne pas m'accuser... Et, tout en les remerciant secrètement du plus profond de mon cœur, comme eux je pleurais, mon père, quand vous êtes arrivé... Alors, je fus le témoin caché de votre erreur, de vos souffrances déchirantes et sublimes, et vos accents émus, impressionnant mon âme, me faisaient voir déjà vos enfants désolés... tous vos fidèles en pleurs... Et je ne pouvais plus étouffer mes sanglots quand votre voix mourante dit que l'oubli de Marie devait abréger vos jours... alors!... un cri soudain s'est échappé de mon âme... cette porte s'est ouverte... et j'allais m'évanouir, quand une force inconnue m'a soutenue, mon père, et jetée dans vos bras...

VINCENT, *la pressant sur son cœur.* C'était la Providence!...

MARIE, *avec calme, au Maréchal et à Fabius.* Et maintenant que je me vois avec effroi près de ceux dont j'ai fait naître la douleur... qu'il me soit permis de leur dire que Marie vivante est morte aux joies du monde, et que les devoirs du cloître occuperont seuls désormais sa vie calme et résignée... Elle ne se souviendra du passé que pour demander chaque jour à Dieu (*au Maréchal*) qu'il console et protége celui qui la reçut sous son toit tutélaire, en se faisant un pieux devoir d'abriter son enfance..... Et, fille du Seigneur, devant prier pour tous (*regardant Fabius*), elle demandera aussi pour celui dont le premier espoir a duré si peu d'heures... l'oubli d'un premier rêve... qu'un heureux avenir... effacera sans... retour.... (*A Vincent, et à demi-voix, en pleurant.*) O mon père! arrachez-moi d'ici...

VINCENT. Oui, ma fille.... appuyez-vous sans crainte sur le bras du vieillard... vous lui avez rendu la force... venez...

Il monte la scène avec elle. Le Maréchal et Fabius font un mouvement comme pour aller retenir Marie.

VINCENT, *se retournant et avec énergie.* Dieu vous l'a prise... et me l'a donnée... (*Le Maréchal et Fabius restent interdits.*) Et vous qui aviez trouvé tous deux le généreux courage en face du malheur. ... ayez la même force en présence de la volonté du Seigneur... afin que le Seigneur soit avec vous, mes frères... Suis-nous, Marthe.... (*A Marie.*) Venez, ma fille.

Musique religieuse à l'orchestre. Vincent, Marie et Marthe montent à la porte du fond. Le Maréchal et Fabius suivent Marie des yeux, rencontrent le regard de Vincent qui se retourne avant de sortir. Tous deux s'inclinent avec onction. Vincent, Marie et Marthe sortent.

SCÈNE VII.

LE MARÉCHAL, FABIUS, GONTRAN.

LE MARÉCHAL, *avec espoir.* Elle existe!...

FABIUS, *avec exaltation.* Marie!... Marie vivante!...

Il se dirige vers la porte ouverte au fond, comme pour chercher à l'apercevoir.

LE MARÉCHAL, *allant à sa rencontre.* Où allez-vous, jeune homme?... (*Fabius reste interdit. Il referme la porte.*) Vous ne pouvez sortir... et vous devez m'entendre...

FABIUS. Je suis à vos ordres, maréchal....

LE MARÉCHAL, *à demi-voix.* Monsieur... le jour du trépas, les larmes doivent s'unir, et la rivalité s'éteint devant la mort... Mais Marie n'est pas morte...

FABIUS. Je vous comprends. ...

Après un signe impératif du Maréchal, ils redescendent la scène.

GONTRAN, *qui les a suivis en devinant leurs pensées, et se mettant entre eux.*) Voilà donc, maréchal, Marie vouée au couvent...

LE MARÉCHAL. Pas encore.

GONTRAN. Oh! sa résolution est formelle, et je suis sûr qu'avant trois jours nous la verrons vêtue de la robe de serge...

LE MARÉCHAL, *avec doute.* Qui sait?

FABIUS, *avec espoir.* Peut-être...

LE MARÉCHAL, *avec intention, en observant Fabius.* Dieu n'accueille pas avec la même faveur la femme que la vocation entraîne ou celle que le malheur contraint.

FABIUS. C'est vrai.

LE MARÉCHAL, *entraînant Gontran vers la porte à gauche.* Laisse-nous, Gontran....

GONTRAN. Vous le voulez...

LE MARÉCHAL. Je le veux...

GONTRAN. Mais, maréchal.

LE MARÉCHAL. Je le veux...

GONTRAN. Et si vous avez besoin de mes services...

LE MARÉCHAL. Je t'appellerai.... je te le promets...

GONTRAN. J'obéis. (*A part, en sortant.*) Oh! passions des hommes! comme une étincelle vous rallume!

Il sort par la porte à gauche.

SCÈNE VIII.

FABIUS, LE MARÉCHAL.

LE MARÉCHAL, *à Fabius.* Donc!... monsieur, Marie n'est pas morte.

FABIUS. Elle est morte pour les hommes, si elle prononce ses vœux...

LE MARÉCHAL. Mais vous espérez que l'amour qu'elle a conçu pour vous l'arrêtera pensive et mondaine sur le chemin du couvent?...

FABIUS. Comme vous espérez, vous, que la reconnaissance, le plus sacré des devoirs, la ramènera bientôt sous le toit du maréchal.

LE MARÉCHAL. Nous nous devinions tous les deux... et nous avons même franchise...

FABIUS. Même amour et même espérance!

LE MARÉCHAL. Il nous faut ..

FABIUS. Le duel...

LE MARÉCHAL. Vous l'avez dit.

FABIUS. Quand voulez-vous combattre?

LE MARÉCHAL. A l'instant.

FABIUS. Quelle arme prendrons-nous?

LE MARÉCHAL. Je vous en donne le choix.

FABIUS. Merci, maréchal.

LE MARÉCHAL. Et que résolvez-vous?

FABIUS. Maréchal! .... quand deux hommes que la haine ou la vengeance anime vont se battre... quand chacun d'eux a reçu de l'autre la flétrissure ou l'outrage, il leur faut, pour apaiser leur double colère, l'épée qui les met face à face, et la lutte prolongée qui menace, blesse et tue..... Mais quand deux hommes n'ont entre eux que le malheur de la destinée... et...

LE MARÉCHAL, *l'interrompant.* Que chacun d'eux ne veut que la mort de l'autre.. Que font-ils?

FABIUS. Ils ne chargent qu'un pistolet sur deux, ils choisissent au hasard, et quand ils tirent ensemble, celui qui reste debout a pu tourner la tête, et ne voit pas tomber la victime dont la mort est bien sûre...

LE MARÉCHAL, *après avoir pris au faisceau deux pistolets qu'il pose sur une table, avec une boîte contenant des munitions.* Voici des pistolets, monsieur... faites vous-même, et n'en chargez qu'un seul.

FABIUS *. Nous allons donc combattre ici, sans témoins...

LE MARÉCHAL. Des témoins nous empêcheraient de nous battre.

FABIUS. Mais...

LE MARÉCHAL. Que craignez-vous.... Si votre père vous a délaissé, le métier des armes ne vous a-t-il pas fait homme d'honneur?...

FABIUS. Mais la justice punit comme meurtrier le vainqueur dans un pareil combat!

LE MARÉCHAL, *prenant le blanc-seing signé du roi.* Voici un parchemin au bas duquel sont les signatures du roi Louis XIII et du cardinal-ministre.... Celui qui restera de nous deux en sera le maître, et pourra y écrire lui-même sa grâce, qui précédera l'accusation. Qu'avez-vous à dire?

FABIUS**, *allant vers la table.* Je vais apprêter les armes.

LE MARÉCHAL. O Marie! mon amour pour toi m'est bien fatal... Il m'aura donné la mort ou bien une triste victoire. Si je sors vainqueur de ce combat, calmeras-tu la blessure cachée de mon âme? ignoreras-tu..... Mais non, arrêtez; qu'allions-nous faire? insensés, nous nous perdions tous deux...

FABIUS. Et comment?

LE MARÉCHAL. Et ne voyez-vous pas que ce parchemin qui ferait grâce.... attesterait publiquement que l'un de nous aurait tué l'autre?... Et comment pourriez-vous, jeune homme, vous approcher de Marie, si elle vous savait meurtrier du maréchal..... ou comment pourrais-je la rappeler à moi, moi qu'elle saurait avoir tué celui qu'elle aime?...

FABIUS. Vous avez raison..... Mais que faire?... quel moyen...

LE MARÉCHAL. Il en est un.

FABIUS. Lequel?

LE MARÉCHAL. Savez-vous le duel des deux amis de Bourgogne.... Oh! non, vous êtes trop jeune...

FABIUS. Que fut-il donc?

LE MARÉCHAL. Deux amis d'enfance..... deux frères d'armes, se baissèrent tous deux un jour pour ramasser le bouquet d'une jeune fille.... chacun l'aimait d'un amour invincible, et comprit que l'un des deux devait mourir, et ces deux hommes qui voulaient que la mort de l'un ne fût pas un obstacle au bonheur de l'autre, jouèrent aux dés en jurant que celui qui perdrait n'aurait plus que trois jours, le premier pour aller se confesser et recevoir l'absolution des fautes de sa vie, le second pour embrasser ses amis comme on le fait la veille d'un voyage, et le troisième

* Le Maréchal, Fabius.

** Fabius, le Maréchal.

pour aller mourir en face de l'ennemi; car alors, comme aujourd'hui, l'on guerroyait à la frontière!

FABIUS. Ce fut un beau duel, maréchal! le vainqueur pouvait épouser la jeune fille qu'il aimait, et le vaincu du moins avait pour tombe un champ de bataille.

LE MARÉCHAL, *lui montrant des dés qui sont sur la table, et s'asseyant.* Voici des dés.

FABIUS, *prenant sans hésiter place de l'autre côté de la table.* Si je perds, maréchal, je jure ici d'accomplir fidèlement mon devoir.

LE MARÉCHAL, *tendant le bras.* Si la chance m'est contraire... je jure...

FABIUS, *l'interrompant.* Ne jurez pas, maréchal; trente années de bravoure vous servent de serment.... commencez.... c'est une partie sans revanche?

LE MARÉCHAL. Sans revanche. Les frères de Bourgogne ne jouèrent qu'un seul coup de dés. (*Après avoir jeté les dés.*) Huit... A vous.... (*Fabius jette les dés avec émotion, et tous deux restent immobiles en les regardant. Après un silence, le Maréchal se levant et s'éloignant de la table.*) Dix... vous avez gagné.. Dans trois jours je serai mort à la frontière.

FABIUS, *allant à lui.* Maréchal!...

LE MARÉCHAL. Qu'est-ce?

FABIUS. Mais... je...

LE MARÉCHAL. Et si vous aviez perdu.... (*Fabius baisse la tête et reste pensif.*) Eh bien!...

Fabius, interdit, s'incline et sort avec une grande douleur.

SCENE IX.

LE MARÉCHAL, *puis* VINCENT.

LE MARÉCHAL, *seul.* Condamné.... par la loi de l'honneur.. J'exécuterai fidèlement sa sentence.... et puis après ma mort.... Oh! Marie!..... Fabius!..... enfants sauvés tous deux par le prêtre Vincent de Paul, ne l'avez-vous donc été que pour mon malheur?... L'ingratitude de Marie m'avait pris ma joie dans ce monde... Et couronné par le hasard, Fabius me prend ma vie... Mais ces enfants que le prêtre assiste ne sont donc que des créatures impures ou fatales que la Providence voulait oublier?...

VINCENT, *entrant par le fond.* Je me souviens, monseigneur, que vous m'avez promis, vous le vainqueur tout-puissant, de parler au roi de France pour mes pauvres enfants, et je vous les amène, car leur détresse est grande.

LE MARÉCHAL. Et c'est à moi que vous vous adressez... Vous me demandez protection pour les frères de ceux qui m'ont abreuvé d'ingratitude et de malheur...

VINCENT. C'est à l'heure des plus grandes souffrances que l'on sait le mieux compatir. (*Allant ouvrir une porte au fond.*) Oubliez, mon fils, le chagrin qui vous égare, et secourez les pauvres abandonnés.

LE MARÉCHAL. Je ne veux pas les voir... je ne veux pas les défendre. (*A Vincent.*) Qui sait si Dieu, qui les abandonnait, n'accusera pas de présomption celui qui les impose au monde?

VINCENT, *avec grandeur.* Les pauvres ou les coupables les ont seuls abandonnés, mon frère... Et Dieu veut que les généreux de la terre réparent les erreurs des méchants.

Ici les enfants, arrivés lentement, garnissent la porte du fond.

LE MARÉCHAL, *avec résolution.* J'ai trop souffert par eux!.... Je ne veux plus qu'on m'en parle.... je ne m'en vengerai pas, mon père, mais je leur refuse à jamais ma protection et mes bienfaits. Ne me demandez rien.

VINCENT, *aux enfants.* Vous avez perdu, pauvres enfants, un de vos puissants protecteurs; mais Dieu, qui m'a rendu Marie, m'a donné un nouveau courage, et votre pourvoyeur va se remettre en route... Vous serez secourus, mes enfants; venez (*les enfants l'entourent; Vincent d'une voix solennelle.*) Et que Dieu, monseigneur, vous garde du repentir.

ACTE TROISIEME.

Une pièce de l'habitation de Vincent de Paul. Cette pièce, au rez-de-chaussée, semble avoir été jadis une portion de l'église de Clichy. Au fond, une grande porte à deux battants qui ouvre de plain pied sur l'église. Porte latérale à droite et à gauche. Au troisième plan, un pilier en saillie, un prie-Dieu, des peintures, une table à droite, fauteuils, escabeaux en bois sculpté.

SCÈNE PREMIÈRE.

VINCENT.

Au lever du rideau, Vincent, à genoux devant le prie-Dieu sur lequel est un livre ouvert, est en prière. On entend chanter les enfants dans l'Église, avec accompagnement d'orgue.

VOIX DES ENFANTS.

Ne craignons pas l'orage;
Voici, dans sa bonté,
Celle qui plaint, soulage,
Voici la charité.

Et le Dieu de clémence
Est sans courroux
Quand il voit que l'enfance
Prie à genoux.

Ne craignons pas l'orage, etc.

VINCENT, *fermant son livre et se levant.* Pauvres enfants, qui venez de chanter le cantique du matin, vous êtes confiants, et ton inépuisable clémence me permet d'espérer, qu'en te les montrant chaque jour à genoux et les mains jointes tu laisseras peut-être tomber sur eux un regard à jamais protecteur. Et sans perdre de temps... je vais regarnir ma besace de tout ce qui me sera nécessaire en route... (*Il prend sa besace.*) Aujourd'hui je pourrai vous nourir encore... demain peut-être! mais après... (*Apercevant Marthe, qui entre par la grande porte du fond.*) Ah! te voici, bonne Marthe.

SCENE II.

VINCENT, MARTHE.

Pendant toute cette scène, Vincent est occupé à garnir sa besace.

MARTHE *. Oui, mon père... et pour la première fois depuis votre retour, je puis donc enfin vous voir et causer avec vous.

VINCENT. Nous avons, ma fille, beaucoup de choses à nous dire et bien peu de temps pour cela. Tu le vois, je suis en train déjà de préparer mon bagage; il faut que je reparte dès demain.

MARTHE. Aussi, mon père, faut-il profiter du peu de loisir que nous avons, et je suis prête à vous écouter.

VINCENT. Maintenant?... mais c'est l'heure du premier repas des enfants... et tu le sais, la prière ne leur ôte pas l'appétit.

MARTHE. Oui, mon père... mais Marie, qui depuis hier ne les a pas quittés, et qu'ils aiment déjà tous, s'est chargée de se joindre à sœur Ursule et de me suppléer à la distribution; aussitôt après le repas elle doit venir me prendre ici pour que je l'accompagne à l'abbaye de Saint-Ouen, et jusque-là, mon père, je puis rester près de vous.

VINCENT. Pauvre fille... enfin!... il en doit être ainsi... Et dis-moi, Marthe, nous n'avons plus d'argent?

MARTHE. Hélas! mon père, la somme que vous nous avez adressée a suffi tout juste pour payer le meunier de Clichy.

VINCENT. Les provisions sont épuisées?

MARTHE. Elles le seront entièrement demain. Depuis que vous avez fait assainir et recouvrir de chaume la maison d'asile, depuis que vous avez donné à nos enfants des habits de laine et que vous avez remplacé la paille sur laquelle ils dormaient par de bons lits de fougère, il n'y a plus de malades, et depuis ce temps-là, mon père... ils ne mangent plus... ils dévorent.

VINCENT, *souriant.* Ils dévorent.

MARTHE. Tous les deux jours... surtout.

VINCENT. Oui, les jours de promenade. Sais-tu bien, Marthe, que si nous devenons plus pauvres encore, nous serons forcés de les priver d'exercice?

MARTHE. Ils seraient bien punis.

VINCENT. Mais non, jeunes amis, puisque le protecteur sur lequel j'avais dû compter vous manque, je vais recommencer mes voyages, et pour attendre mes premières ressources, tu iras demain vendre à Paris le tapis de velours.

MARTHE. Il est vendu, mon père.

VINCENT. Ah!... alors tu vendras les ornements brodés que nous avons reçus de la

* Vincent, occupé près de la table à droite; Marthe.

duchesse de Chevreuse; tandis qu'ils serviront de parure à quelques femmes coquettes... nos enfants seront nourris, et leurs prières au pied de l'autel seront plus agréables au Seigneur... que les chamarrures et les dentelles. (*Prenant sur la table des petites blouses d'enfant qu'il plie.*) J'aurais tout aussi bien fait de ne pas déplier tout cela hier.

MARTHE. Voulez-vous que je vous aide?

VINCENT. Non, ce n'est pas la peine... Je crois qu'il n'y a pas de mère de famille plus habile que moi à préparer tout cela.

MARTHE. C'est vrai, mon père.

VINCENT. L'habitude. Mais tu ne me dis rien, Marthe, de notre toute jeune fille, que nous avons nommée du nom de la Vierge en la lui recommandant, car le froid l'avait bien maltraitée.

MARTHE. Elle est sauvée, mon père; c'est Ursule qui l'a soignée. Aussi maintenant sœur Ursule oublie quelquefois les autres pour elle. Oh! pendant votre absence nous nous sommes quelquefois querellées pour cela.

VINCENT. Vraiment?

MARTHE. Et sœur Ursule mériterait bien... Je ne suis pas méchante... mais elle mériterait bien que vous lui fissiez des reproches.

VINCENT, *avec intention.* Je crois, moi, Marthe, que sœur Ursule n'est pas complétement bonne.

MARTHE. Je le crois aussi, mon père.

VINCENT, *s'asseyant.* Hier après le salut elle m'a parlé de toi d'une façon peu généreuse.

MARTHE, *précipitamment.* Et que vous a-t-elle dit, mon père?

VINCENT. Ursule me disait que tu avais une préférence marquée pour le petit Paul... tu sais, ton petit Paul?

MARTHE, *interdite.* Oui... mon père.

VINCENT. Moi, j'ai dû t'excuser, te défendre, et lui dire qu'on devait pardonner un bien petit égarement qui n'était que la conséquence d'un excès d'affection... Oh! je t'ai défendue, Marthe, j'ai grondé sœur Ursule. Et maintenant que je suis sûr qu'elle ne se plaindra plus injustement de toi, je vais partir sans inquiétude. Mais la route sera longue... et mes jambes... me font bien souffrir... si elles voulaient me servir aussi bien que mon zèle... mais elles m'abandonnaient dans mon dernier voyage.

MARTHE. Peut-être, mon père, avez-vous été victime d'un accident que vous cachez.

VINCENT. Non, Marthe, non; mes jambes ont soixante ans d'un service actif... voilà leur accident...

MARTHE. Et pourquoi, mon père, quand vous entreprenez de si pénibles routes, ne les faites-vous pas tranquillement... à cheval?

VINCENT. A cheval! d'abord il faudrait en avoir un.

MARTHE. Monsieur le duc de Chevreuse ne vous en refuserait pas un si vous le lui demandiez...

VINCENT. Il y aurait un autre inconvénient.

MARTHE. Lequel, mon père?

VINCENT, *se levant.* Tu vas voir; j'arrive à cheval comme un prélat... je frappe à la porte d'un paysan... je lui dis : «Mon fils, vous voyez en moi un pauvre prêtre qui vient vous demander votre participation à une bonne œuvre... Je soutiens, avec l'aide des bonnes âmes, de pauvres enfants qui seraient morts de faim sans leurs secours... Oh! si vous les voyiez! ils sont si doux, si gentils!... ils vous intéresseraient... et je viens à vous! — Vous avez là un bien beau cheval... — Oui... et je viens à vous, mon fils, car mes enfants... — Si vous le voulez, mon père... je pourrai vous indiquer le fermier voisin, qui vous en donnerait bien quarante écus, de votre cheval, et avec cela vous pourriez faire bien du bien à vos enfants. Que lui répondrais-je?»

MARTHE. C'est bien embarrassant, mais peut-être qu'en cherchant... en réfléchissant bien...

VINCENT. Eh bien, réfléchis, Marthe.... cherche, et quand tu auras trouvé une bonne raison... tu me la diras... mais jusque-là, ma fille, je ferai comme j'ai toujours fait... Quand je serai en route, tu m'écriras en m'adressant tes lettres de village en village; je te laisserai mon itinéraire, et tu me parleras toujours de Marie, que je quitte avec bien du regret...

MARTHE. Hélas! mon père, n'était-elle pas bien plus à plaindre avant votre arrivée?...

VINCENT. Oh! oui; mais le prêtre ne doit pas se glorifier du passé... l'avenir seul doit l'occuper, et l'avenir n'est pas heureux pour elle. (*Marie entre par le fond.*) Je voudrais pouvoir l'aider à supporter d'abord la solitude du cloître, à laquelle elle ne pourra s'habituer que lentement... si elle le peut jamais; quelquefois trop de résignation accable.

SCÈNE III.

LES MÊMES, MARIE*.

MARIE, *s'approchant.* N'ayez pas cette inquiétude, mon père.

VINCENT. Vous étiez là, ma fille.

MARIE. J'entrais, mon père, comme vous parliez de moi, et je suis heureuse de pouvoir vous rassurer; je viens prier Marthe de m'accompagner sur l'heure à l'abbaye où je

* Vincent, Marie, Marthe.

vais aller, mon père, avec calme et tranquillité, je vous le jure.

VINCENT. Je sais, mon enfant, que vous ne me direz que des mots qui consolent, puisque Dieu vous a fait hier mon ange gardien. Allez... profitez de votre heureux courage, et je vous reverrai avant mon départ.

MARIE. Oh! oui, n'est-ce pas, mon père?

VINCENT. Oui, ma fille.

MARTHE, *à Marie.* Venez, ma sœur. (*A Vincent.*) Vous n'avez rien à m'ordonner, mon père?

VINCENT. Non, Marthe. (*La rappelant.*) Ah! pardon... si; je voudrais qu'avant de quitter le presbytère tu me rendisses un service.

MARTHE. Et lequel? parlez, mon père.

VINCENT. Tu me promets d'avance?

MARTHE. Quel qu'il soit, mon père.

VINCENT. Bien, Marthe... donne-moi la main. (*Marthe lui donne la main.*) Et cette poignée de main, celle du bon accord... va la porter à sœur Ursule... et sans retard...

Il les accompagne par la gauche et les regarde partir.

SCENE IV.

VINCENT, *puis* FABIUS, *puis* MARTHE.

VINCENT. Allons, allons... d'abord cette gourde... n'oublions pas mon bâton... (*Il va le prendre.*) Compagnon fidèle et solide. (*Le regardant et le posant sur la table.*) Celui-là durera plus que moi... (*Prenant sa besace.*) Ma besace est bien garnie; maintenant mon bréviaire... (*On frappe à la porte latérale de droite.*) Qui peut frapper à cette porte... voyons. (*Il ouvre. Avec surprise.*) Fabius!...

FABIUS, *entrant.* Oui, mon père... Fabius, qu'un grand secret amène ici... et qui vient vous supplier de lui laisser voir Marie une fois encore; ce secret, il faut que je le lui confie moi-même. O mon père! ce n'est pas l'amour qui m'inspire à cette heure.... non... ce sentiment noble ailleurs, souillerait, je le sais, votre sainte demeure; mais j'y viens guidé par le plus sacré des devoirs...

VINCENT. Mais il faut me dire d'abord....

FABIUS. Tenez, mon père, comme je craignais de ne pas vous trouver ici, j'avais tracé ces mots... que j'y voulais laisser pour vous. (*Il brise le cachet d'une lettre, et la donne à Vincent.*) Lisez, et vous serez convaincu qu'il faut que je voie Marie.

VINCENT, *lisant.* Est-ce possible?

MARTHE, *entrant vivement par le fond.* Mon père!

VINCENT. Que veux-tu?

MARTHE. J'accours vous prévenir.... Je viens d'apercevoir le maréchal et Gontran... Ils viennent ici.

VINCENT. Le maréchal!

FABIUS. Oh! je ne puis le rencontrer.

VINCENT. Eloignez-vous, mon fils (*ouvrant la porte du fond*), et tenez-vous sous ces piliers, derrière la chapelle. Allez, et d'ici je pourrai vous appeler s'il le faut.

FABIUS, *sortant.* Et vous me laisserez voir Marie...

VINCENT. Je vous le promets. (*Fabius sort. — A Marthe.*) Il faut retarder la visite de Marie à l'abbesse, et tu l'amèneras près d'ici, dans la cellule voisine. (*Il désigne la porte à gauche.*) Et ne lui dis rien de ce que tu as vu.

MARTHE. Non, mon père..... (*Revenant sur ses pas.*) Mais ce jeune homme!

VINCENT, *avec un peu d'impatience.* Allons! ne soyons pas curieuse, et soyons vigilante.

MARTHE. Je cours, mon père.

Elle sort par le fond.

VINCENT, *après avoir fermé la porte.* Voici le maréchal.

SCÈNE V.

VINCENT, LE MARÉCHAL, GONTRAN.

LE MARÉCHAL, *entrant par la droite, suivi de Gontran.* J'ai appris, mon père, que vous alliez bientôt partir. Je viens vous demander si vous ne pouvez pas avant votre départ me consacrer un de vos précieux instants.

VINCENT. Jusqu'à l'heure de la prière du soir, je vous appartiens, mon fils.

LE MARÉCHAL. Merci, mon père. (*A Gontran.*) Va, Gontran, dire à mes pages que je leur ordonne de m'attendre sur la place devant le presbytère...

GONTRAN. Je vais donner vos ordres.

Il s'incline et sort par la gauche.

LE MARÉCHAL. Je ne veux plus rentrer chez moi.

SCÈNE VI.

VINCENT, LE MARÉCHAL *.

VINCENT. Je vous vois, maréchal, vêtu de la cuirasse comme le jour que vous vous mîtes en campagne.

LE MARÉCHAL. C'est que je vais en guerre... et je viens, mon père, vous prier d'écouter les aveux d'un coupable... car celui qui part ignore s'il reviendra.

* Le Maréchal, Vincent.

VINCENT. Vous devez être encore utile à la France, et Dieu, qui jusqu'à ce jour vous a veillé, ne vous abandonnera pas.

LE MARÉCHAL. Il faut tout prévoir, mon père; je pourrais succomber cette fois, et je veux partir purifié.

VINCENT. Parlez sans contrainte... entre deux hommes de notre âge, un semblable aveu n'est que la confidence que l'ami repentant fait à l'ami sévère. Asseyez-vous, maréchal, et dites-moi quelles sont vos fautes en ce monde?

Vincent s'assied sur un siége à gauche. Le Maréchal reste debout près du sien.

LE MARÉCHAL. J'en ai commis deux bien grandes dans ma vie, mon père... la seconde, erreur de mes derniers jours... vous la savez... mais la première, crime de ma jeunesse .. je vais vous la dire... Lorsqu'il y a vingt-cinq ans environ je commandais dans les Flandres seulement une compagnie de cinquante fantassins... nous venions, aidés des soldats suisses au service des Nassau... de nous emparer d'une ville. Parmi les prisonniers qui tombèrent entre mes mains était une fille du peuple, jeune, belle... dont je devins follement épris; elle était ma captive, je la ramenai en France, ma patrie, et la fis mon épouse. Peu de temps après, le roi Henri de Navarre me nomma capitaine de ses hallebardiers; fier de la beauté de mon épouse, je la conduisis un jour à la cour... et comme j'entrais dans une des salles, j'entendis de jeunes courtisans rire en prononçant son nom... alors... je voulus d'eux réparation et je les appelai en duel... Pardon, mon père, mais entre nous autres gens de guerre, le duel pour réparer l'affront, c'est plus qu'un devoir, c'est presque une religion.

VINCENT. Religion criminelle, que Dieu condamne, et bien fausse pour les hommes qui l'ont faite, puisqu'elle permet souvent que l'offenseur tue l'offensé.... Mais Dieu aidant, le temps la détruira... Continuez, mon fils.

LE MARÉCHAL. Pour m'expliquer la cause du rire qu'avait excité la présence de ma femme... on me dit qu'elle avait été, dans sa jeunesse, déshonorée, perdue... alors, mon père, malgré tout le bonheur qu'elle m'avait donné... malgré son dévouement pour moi... je la maltraitai bien cruellement.... malgré ses supplications, ses serments et ses cris, je fus sans pitié pour elle. En vain elle implora pour l'enfant qu'elle devait mettre au jour, je fus inflexible, mon père, et je la chassai honteusement... Peu de jours après j'appris que la malheureuse à l'agonie venait de mettre un fils au monde... et ce pauvre enfant avait d'avance hérité de ma colère, car je lui refusai la maison de son père.

* Le Maréchal, Vincent.

VINCENT, *se levant*. Que dit-il?

LE MARÉCHAL. Oui, mon père; aveuglé par un désespoir insensé, je rejetai sur lui ma cruauté... en vain on l'exposa sur mon chemin... je fermai les yeux en passant... C'était horrible... affreux... eh bien, mon père, à peine cette malheureuse femme était-elle morte, que j'appris qu'elle avait été calomniée... elle était innocente!...

VINCENT, *à part et réfléchissant*. Mon Dieu!...

Il passe devant le Maréchal et relit mystérieusement la lettre de Fabius*.

LE MARÉCHAL. Oh! j'avais été, mon père, la proie d'une folie passagère, car sitôt que j'appris que l'enfant avait disparu, que sa mère dormait dans un cimetière, le repentir déchirant prit naissance dans mon cœur... mais il était trop tard. Pourtant, mon Dieu, j'ai voulu réparer mon crime quelques années après. Je vous ai supplié de me donner un enfant, et j'ai reçu de vos mains Marie que vous m'avez donnée. Confiant, je voulais alors faire pour elle tout ce que j'aurais dû faire pour mon fils... Eh bien, alors je fus coupable encore... Quand elle devint si belle, j'ai voulu que sa beauté, que son sourire, que sa belle âme n'appartinssent qu'à moi... quand elle devint si belle, je n'ai plus eu la force d'entrevoir une séparation à venir... j'ai oublié son bonheur pour ne songer qu'au mien... et pauvre colombe mise sous ma garde, je lui ai jeté les quelques grains de blé qui pouvaient la faire vivre... mais j'ai voulu l'empêcher de voler dans les airs et de faire briller ses ailes aux rayons du soleil... Enfin, après lui avoir donné l'existence, mon père, j'ai voulu lui ravir sa liberté... aujourd'hui Dieu m'en punit, et je sais me résigner au châtiment, mais la punition dans ce monde n'est pas le pardon dans l'autre... voilà pourquoi, mon père, en vous faisant l'aveu de mes fautes... (*s'agenouillant*) je viens, tout indigne que je suis, vous demander si mon repentir ici-bas peut me faire espérer le pardon devant Dieu.

VINCENT. Et si Dieu vous commandait un grand sacrifice?

LE MARÉCHAL. Si l'homme peut l'accomplir, je l'accomplirai, mon père.

VINCENT. L'homme doit trouver double force quand Dieu lui montre le pardon.

LE MARÉCHAL. J'aurai la force.

VINCENT. Et la patience?

LE MARÉCHAL. Et la patience.

VINCENT. Relevez-vous, mon frère... et vous reconnaîtrez peut-être la parole de Dieu

* Vincent, le Maréchal. Demi-rampe jusqu'à la fin de l'acte.

à travers la voix des hommes... venez et tenez-vous là... caché derrière le pilier... la nuit qui s'approche nous favorise... et jurez qu'en présence de ce qui va se passer ici vous aurez la force et la patience.

LE MARÉCHAL. Je jure, mon père, de m'abandonner à vous.

VINCENT, *à part, en traversant la scène.* Marthe a dû amener Marie. (*Ouvrant la porte à gauche.*) Oui!... venez, ma fille.

SCÈNE VII.

LES MÊMES, MARIE, FABIUS *.

MARIE. Vous avez voulu, mon père, que j'attendisse de nouveaux ordres avant de partir à l'abbaye ?

VINCENT. Oui, ma fille... mais ce n'est pas moi que vous devez entendre en ce moment.

MARIE. Et qui donc, mon père ?

VINCENT. Vous allez le savoir, mon enfant.

Il monte la scène et va ouvrir la porte du fond.

MARIE, *à part.* C'est peut-être l'abbesse venue ici ?

VINCENT, *à Fabius, qui vient à lui.* Vous voyez, mon fils, que je tiens ma parole.

MARIE, *apercevant Fabius.* Fabius!

VINCENT. Vous pouvez l'écouter, ma fille... je suis là... près de vous.

Il se retire près du Maréchal au fond.

FABIUS. Marie, ne vous effrayez pas... l'amour, je dois l'étouffer à jamais dans mon sein, et si je suis ici maintenant, c'est pour vous prier, vous supplier.

MARIE. Marie ne peut rien en ce monde.

FABIUS. Vous pouvez tout.

MARIE. Que voulez-vous ?

FABIUS. Vous demander un sacrifice digne, non pas seulement d'un cœur sublime, mais d'une sainte.

MARIE. Et lequel ?

FABIUS. Marie, il faut que vous rentriez dans la demeure du maréchal.

MARIE. Moi?

FABIUS. Et ce n'est pas tout encore, il faut que, renonçant au service du Seigneur, vous retourniez auprès du maréchal, non pas comme amie, comme compagne, mais comme épouse.

MARIE. Et c'est vous qui me parlez ainsi?..

FABIUS. Je vous ai dit que je n'avais pour souvenir de mes parents inconnus qu'un portrait de ma mère..... Eh bien! hier, comme je venais de quitter le maréchal, un sentiment que vous ne pourriez comprendre me fit revenir sur mes pas..... je voulais lui parler, pénétrer jusqu'à lui; et comme je traversais rapidement ses appartements, j'arrivai dans une chambre où je vis le portrait d'une femme, celui de ma mère...

MARIE. De votre mère !

FABIUS. Oui, Marie! le maréchal eut jadis un fils que l'on croyait mort...... et ce fils, c'est moi !

MARIE. Vous ?

LE MARÉCHAL. Lui, mon fils? (*Vincent l'arrêtant, et à demi-voix.*) Attendez, mon frère... il faut faire pénitence.

MARIE. Est-ce possible !

FABIUS. Gontran, le soldat, était près de moi... « Quel est ce portrait ? lui demandai-je. — C'est celui de la femme du maréchal, morte depuis plus de vingt ans. — Quoi! morte ici, près de lui ? — Non, répondit Gontran; c'est une sombre histoire, et je ne puis vous la dire. » Mais je l'avais devinée, moi, et comme frappé de la foudre, j'ai fui la maison de mon père, à qui j'ai pris son bien, son rêve, sa vie, et je suis venu près de vous, Marie, pour vous dire que le maréchal, qui repart en guerre, n'y va chercher ni l'oubli ni la gloire, mais la mort...

MARIE. La mort !

FABIUS. Je le sais, je le jure, il n'y a qu'une force au monde qui puisse l'en détourner. Cette force, c'est vous, Marie; et Fabius, qui tombe à vos pieds, n'est plus à cette heure un amant..... mais un fils qui vient vous supplier de sauver son père.

MARIE, *avec résolution.* Je le sauverai, Fabius !

FABIUS, *se relevant.* Je l'espérais, Marie !

MARIE. Et vous deviez l'espérer... oui, si je puis, en empêchant la mort de mon bienfaiteur, accomplir le vœu de Fabius, je le ferai... même s'il doit m'en coûter la vie.

FABIUS. Et après tant de sacrifices, Marie, Dieu détruira dans nos cœurs cette passion qu'il semble réprouver... et alors le fils peut-être pourra venir un jour s'asseoir au foyer de son père... mais... attendez, Marie... ne lui dites pas que son fils existe, car hier il maudissait les orphelins nourris loin du sein de leurs mères.

VINCENT, *bas, au Maréchal.* Ce sont des enfants trouvés... maréchal...

Le Maréchal cache sa tête dans ses mains.

MARIE. Vous avez mon serment.

FABIUS. Et maintenant, Marie, recevez mes adieux... séparons-nous... je pars !

LE MARÉCHAL, *s'avançant.* Sans embrasser ton père, Fabius...

FABIUS. Le maréchal !

MARIE. Dieu du ciel !

LE MARÉCHAL. Oui, le maréchal Saint-André, qui t'ouvre ses bras, mon enfant...

FABIUS, *tombant dans ses bras.* Oh !... mon père !...

Vincent s'approche de Marie, qui s'appuie sur lui.

* Fabius, Marie, Vincent, le Maréchal au fond, près du pilier.

SCÈNE VIII.

LES MÊMES, GONTRAN.

GONTRAN, *entrant par la droite.* Maréchal, vos chevaux sont prêts et vos pages à vos ordres.

Il fait un mouvement de surprise en apercevant Fabius.

FABIUS *. Le maréchal ne part plus pour combattre ; il ne va plus en guerre.

LE MARÉCHAL, *tendant la main à Fabius.* Non ! je ne pars plus pour la frontière ; mais que mes pages nous attendent nous allons à Paris... à la cour du roi Louis XIII, à qui je veux présenter mon fils.

GONTRAN. Votre fils?

LE MARÉCHAL, *allant à Gontran* **. Oui, Gontran, Fabius le marin, qui a fait deux fois le tour du monde, c'est mon fils..... que je veux marier avec Marie.

GONTRAN. Marie !

LE MARÉCHAL. Marie, que Dieu me défend d'aimer depuis qu'il m'a mis au cœur toutes les joies paternelles.... Oui, Fabius et Marie, ce sont mes deux enfants que je veux combler... Ah! pour eux je me souviens que j'ai sauvé le roi, et ce blanc seing peut les faire nobles et puissants.

FABIUS. Quand nous rêvions le deuil, j'aurais pu accepter les avantages de ce blan seing. Maintenant, mon père, laissez-moi tou devoir à mon courage.

LE MARÉCHAL. Tu as raison, mon fils, il nous porterait malheur. (*Il s'apprête à le déchirer. S'arrêtant tout à coup. A Vincent, qui les a contemplés jusque-là.*) Mais vous, mon père, qui donnez tant aux hommes, n'avez-vous rien à demander au roi de France ?

VINCENT. Moi!... Dieu puissant... Marie... Fabius! enfants autrefois délaissés, ne voyez-vous pas le Seigneur qui vient de se servir de vous pour sauver tous vos frères?.... Dieu créateur !... c'est sur moi que tu répands toute la splendeur de ta divinité, c'est à moi que tu réservais le triomphe... Oh ! ton disciple ne succombera pas sous l'éclat de la lumière qui l'inonde, et ta volonté sera faite à l'instant... sans retard... Maréchal, écrivez. (*Musique à l'orchestre. Le Maréchal, qui vient de s'asseoir à la table à droite, écrit... Il dicte :*) « La victoire que nous avons rem-» portée sur les Rochelois n'est due qu'au » secours de Dieu, qui veut que la France » reconnaissante enseigne au monde entier » l'œuvre de charité. Nous ordonnons que » des asiles seront ouverts... »

*Gontran, Fabius, le Maréchal, Vincent, Marie.

**Gontran, le Maréchal, Fabius, Vincent, Marie.

LE MARÉCHAL. Aux enfants abandonnés, n'est-ce pas, mon père ?...

VINCENT. Oui, mon frère. Et ajoutez, maréchal, « qu'ils seront, jusqu'à l'âge de » quinze ans, nourris aux frais de l'état. » (*Prenant l'ordonnance.*) Et cette ordonnance irrévocable est signée du roi Louis XIII, dont tous les rois seront jaloux. Et toi..... pauvre innocence qu'on délaisse, ne crains plus que le froid n'engourdisse tes ailes ; le regard de Dieu te réchauffe... ne crains plus que la faim n'endorme ta jeune âme ; car la mère patrie se baisse pour te recueillir.

VOIX DES ENFANTS, *dans l'église.*

CHŒUR *de Joseph : Aux accents de notre harmonie.*

Seigneur, qui veilles sur l'enfance
Des orphelins à l'abandon,
Donne à nos âmes l'espérance,
Donne à nos mères le pardon !

VINCENT, *avec gloire.* Oui, chantez, enfants, la louange du Seigneur.

Il va ouvrir la grande porte du fond. On voit l'intérieur de l'église éclairé et rempli d'enfants à genoux. Les filles sont vêtues de bleu et blanc, les garçons de serge brune et linge blanc. Les deux sœurs Marthe et Ursule sont debout et tiennent leurs chapelets. Vincent, plein d'une exaltation divine, contemple les enfants. Le Maréchal, Marie, Fabius et Gontran se prosternent. Et le rideau tombe pendant les chants des enfants trouvés.

FIN.

PARIS. — IMPRIMERIE DE Mme Ve DONDEY-DUPRÉ, rue Saint-Louis, 46, au Marais.

Sans Nom! myst. 1 a. 40
Un Parent millionnaire, c. 2 a. 40
Le Père de l'Enfant, c.-v. 2 a. 40
Le 3me et le 4me, v. 1 a. 30
L'Agrafe, mél. 3 a. 40
Le Mari à la ville et la Femme à la campagne, c.-v. 2 a. 40
Une Fille de l'Air, f. 3 a. 50
Le Château de ma Nièce, c. 1 a. 30
La Fille d'un Militaire, c.-v. 2 a. 40
Le Tour de Faction, v. 1 a. 30
La double échelle, o.-c. 1 a. 30
Bruno le Fileur, 2 a. 40
Un Jour de Grandeur, dr. 3 a. 40
Le Tourlourou, vaud. 5 a. 50
Le Bon Garçon, op.-c. 1 a. 30
Dgenguiz-Kan, pièce en 6 t. 40
L'Officier Bleu, dr. 3 a. 40
Portier je veux de tes cheveux. 40
Rita l'Espagnole, dr. 4 a. 50
Piquillo, op.-com. 3 a. 40
Le Café des Comédiens, v. 1 a. 30
Thomas Maeyvert, dr. 5 a. 50
Pauvre Mère, dr. 5 a. 50
Spectacle à la Cour, c.-v. 2 a. 40
Suzanne, com.-vaud. 2 a. 40
Le Domino Noir, op.-c. 3 a. 50
Longue-Épée, dr. 5 a. 50
Maria Padilla, en 3 a. 40
Roméo et Juliette, trag. 5 a. 50
La Folie Beaujon 30
Caligula, 5 a. par A. Dumas. 50
Marquise de Senneterre, c. 3 a. 40
L'Ile de la Folie, r. 1 a. 30
La Dame de la Halle, v. 2 a. 40
Les Saltimbanques, par. 3 a. 40
A Trente Ans, v. 3 a. 40
L'Élève de St-Cyr, dr. 5 a. 50
Marcel, dr. 4 a. 50
La Maîtresse de Langues, 1 a. 30
Le Cabaret de Lustucru, 1 a. 40
L'Interdiction, dr. 2 a. 40
La Pauvre Fille, mél. 5 a. 50
Isabelle, com. 3 a. 40
Le Mariage d'Orgueil, c.-v. [illegible] 40
La Petite Maison, c.-v. [illegible] 40
La Demoiselle Majeure, v. [illegible] 30
M. et Mme Pinchon, [illegible] 30
Mlle Dangeville, [illegible] 40
Arthur, c.-v. [illegible] 40
Les Suites d'une Faute, d. [illegible]
Les Enfans du Délire, v. [illegible] 40
Matéo [illegible] 50
Le Mari [illegible] 40
A Bas les Hommes! [illegible] 30
Le Bourse de [illegible], v. 1 a. 30
Lord Surrey dr. [illegible] 50
Duchesse [illegible] 40
Simon Terre Neuve, c.-v. 1 a. 30
Gaspard [illegible], dr. 4 a. 50
Les deux [illegible], c.-v. 4 a. 40
Mathieu l'Invalide, c.-v. 2 a. 40
Impressions de Voyages, v. 2 a. 40
Geneviève de Brabant, mél. 4 a. 40
Rafaël, dr.-com. 3 a. 40
Faute de s'entendre, com. 1 a. 30
La Femme au salon, c.-v. 2 a. 40
Juana, c.-v. 2 a. 40
Les droits de la Femme, c. 1 a. 30
Moustache, c.-v. 3 a. 40
La Pièce de 24 Sous c.-v. 1 a. 30
M. de Covllin, c.-v. 1 a. 30
Fille de l'Air dans son Ménage, 30
L'Orphelin du Parvis, c.-v. 1 a. 30
Philippe III, trag. en 5 a. 50
La Croix de Feu, mél. 3 a. 40
Plock le Pêcheur, v. 1 a. 30
Léonce, c.-v. 3 a. 40
Les Trois Dimanches, c.-v. 3 a. 40
L'Escroc du Grand Monde, 3 a. 40
Les Chiens du St-Bernard, 5 a. 50
La Figurante, op.-c. 5 a. 50
La Comtesse de Chamilly, 4 a. 40
La Reine des Blanchisseuses 2 a. 40
Le Sonneur de St-Paul, d. 5 a. 50
Mademoiselle, c.-v. 2 a. 40
La Dame d'Honneur, o.-c. 1 a. 30
Maria Padilla, tragédie 5 a. 50
Paul Jones d. 5 a. A. Dumas. 50

Le Brasseur de Preston, o.-c. 3 a. 40
Françoise de Rimini, tr. 3 a. 40
Lady Melvil, c.-v. 3 a. 40
Tronquette, c.-v. 1 a. 30
Le Discours de Rentrée, v. 1 a. 30
Pietro d'Arezzo, d. 3 a. 40
Les Coulisses, v. 2 a. 40
Les Parens de la Fille, c. 1 a. 30
La Levée de 300,000 hommes. 30
Rothomago, revue 1 a. 30
Le Marquis en Gage, c.-v. 1 a. 30
Le Puff, rev. en 3 tabl. 40
Claude Stocq, dr. 5 a. 50
Jeanne Hachette, dr. 5 a. 50
Lekain, v. 2 a. 40
Reine de France, v. 1 a. 30
Diane de Chivry, par Soulié. 50
Les trois Bals, v. 3 a. 40
Le Manoir de Montlouvier. 50
Dieu vous bénisse, v. 1 a. 30
Maurice, c.-v. 2 a. 40
Bathilde, dr. 3 a. 40
Pascal et Chambord, c.-v. 2 a. 40
Maria, c.-v. 2 a. 40
La Bergère d'Ivry, dr. 5 a. 50
Mlle de Belle-Isle, par Dumas. 50
Mario Rémond, dr.-v. 3 a. 40
Simplette, v. 1 a. 30
Le Dépositaire, c.-v. 2 a. 40
Le Plastron, v. 2 a. 40
L'Alchimiste, d. 5 a. 50
Naufrage de la Méduse, 5 a. 50
Balochard, c.-v. 3 a. 40
La Maîtresse et la Fiancée, 2 a. 40
Les Mancini, [illegible] en 3 a. 40
Deux jeunes femmes, d. 5 a. 50
Marguerite d'York, mél. 4 a. 40
Rigobert, [illegible] 1 a. 30
Gabrielle, [illegible] 2 a. 40
La Jeunesse de Goethe, v. 1 a. 30
Emile, v. en [illegible] 30
Il faut que jeunesse se passe, 40
Un Vaudevilliste, [illegible] 30
La Fille de la Faille, d. 5 a. 50
Le Marché de Saint-Pierre. 50
Les Belles femmes de Paris. 40
Amendine, c.-v. en 2 a. 40
Il était temps! v. 1 a. 30
Le Vicomte 960, v. 1 a. 30
L'Ange dans le monde c. 3 a. 40
L'Art de ne pas monter sa gar. 30
Christine, 5 a. par F. Soulié. 50
Les Chevaux du Carousel, 5 a. 50
Laurent de Médicis, tr. 3 a. 40
Les 3 Beaux-Frères, v. 1 a. 30
La Jacquerie, op. 4 a. 40
Revue et Corrigée, c.-v. 1 a. 30
Le Loup de Mer, d. 2 a. 40
L'Ombre d'un Amant, v. 1 a. 30
Christophe le Suédois, d. 5 a. 50
Le Proscrit, d. 5 a. 50
Les Travestissemens op.-c. 1 a. 30
Le Massacre des Innocens 5 a. 50
Thomas l'Égyptien, v. 1 a. 30
Clémence, c.-v. 2 a. 40
La belle Bourbonnaise, v. 2 a. 40
Le Château de Saint-Germain. 50
Les Bamboches de l'Année, r. 30
Commissaire extraordinaire. 30
Deux Couronnes, c. 1 a. 30
Les Enfans de troupe, c.-v. 2 a. 40
L'Ouvrier, d. 5 a. 50
Tremb. de terre de la Martini. 50
La Famille du Fumiste, c. 2 a. 40
Les Intimes, 1. 1 a. 30
La Lionne, c.-v. 2 a. 40
La Madone, d. 4 a. 40
Jean le Pingre, v. 1 a. 30
Les Prussiens en Lorraine, 50
Roland Furieux, f.-v. 1 a. 30
Un Secret, c.-v. 3 a. 40
L'Abbye de Castro d. 5 a. 50
La nouvelle Geneviève, v. 2 a. 40
La Famille de Lusigny, d. 3 a. 40
Vautrin, d. 5 a. 50
L'Ouragan, d.-v. 2 a. 40
L'Habit Noisette, v. 1 a. 30
Aubray le Médecin, d. 3 a. 40
Les Bonne[illegible] les Mœurs. 40

Les Dîners à 32 sous, v. 1 a. 30
Aînée et Cadette, c.-v. 2 a. 40
Le Fils du Bravo, v. 1 a. 30
Bonaventure, c.-v. 3 a. et 4 t. 40
L'Éclat de Rire, d. 3 a. 40
Cocorico, v. 5 a. 40
Souvenirs de la Marq. de V***. 30
La Jolie Fille du faubourg. 40
Le Fin Mot, c.-v. 1 a. 30
Le Château de Verneuil, d. 5 a. 50
Monsieur Daube, c.-v. 1 a. 30
La Maréchale d'Ancre, d. 5 a. 50
Les Pages et les Poissardes, 40
Bocquet Père et Fils, c.-v. 2 a. 40
Le Mari de ma Fille, c.-v. 2 a. 30
La Chouette et la Colombe. 40
Quitte ou Double, c.-v. 2 a. 40
L'Argent, la Gloire et les Femmes, v. 4 a. et 5 t. 50
Marguerite, dr. 3 a. 40
Paula, dr. 5 a. 50
Mon ami Cléobul, v. 1 a. 30
Édith, dr. 4 a. 50
Un Roman intime, c. 1 a. 30
Lazare le Pâtre, dr. 5 a. 50
L'École des Journalistes, c. 5 a. 50
Gicily, com.-vaud. 2 a. 40
Newgate, dr. 4 a. 50
L'Hospitalité, vaud. 1 a. 30
Le Père Marcel, c.-v. 2 a. 40
Le Guitarrero, op.-c. 3 a. 50
La Fête des Fous, dr. 5 a. 50
La Favorite, op. 4 a. 50
Le Neveu du Mercier, dr.-v. 3 a. 50
Le Perruquier, dr. 5 a. 50
Zacharie, dr. 5 a. 50
Le Tyran de Café, c.-v. 1 a. 30
Tiridate, c.-v. 1 a. 40
La Bouquetière, dr.-v. 3 a. 40
Jacques Cœur, dr. 5 a. 50
L'École des Jeunes filles, d. 5 a. 50
La Protectrice, c. 1 a. 40
Manche à Manche, c.-v. 1 a. 40
Un Mariage sous Louis XV. 50
Fabio le Novice, dr. 5 a. 50
Une Vocation, com.-v. 2 a. 40
La Sœur de Jocrisse, v. 1 a. 40
Van-Bruck, com.-v. 2 a. 40
Le Marchand d'habits, dr. 5 a. 50
Mon ami Pierrot, c.-v. 1 a. 40
La Lescombat, dr. 5 a. 50
Zara, dr. 4 a. 50
Langeli, com-v. 1 a. 40
Murat, pièce en 3 a., 14 tab. 50
Trois œufs dans un panier, 1 a. 40
Mathieu Luc, dr. 5 . en vers. 50
Caliste, com.-vaud. en 1 a. 40
L'Aveugle et son Bâton, 1 a. 40
Paul et Virginie, dr. 5 a. 50
Les Enfants Blancs, dr. 5 a. 50
La Voisin, mél. 5 a. 50
Ivan de Russie, tragédie. 50
Le Dérivatif, vaudeville. 40
Un Bas bleu, vaudeville. 40
Les Filets de Saint-Cloud. 50
Lorenzino, par A. Dumas. 50
La Plaine de Grenelle, d. 5 a. 50
La Dot de Suzette, d. 5 a. 50
Amour et Amourette, v. 5. a. 50
Pâris le Bohémien, d. 5 a. 50
Les Brigands de la Loire, d. 50
Margot, v. 1 a. 40
Paris la nuit, d. 6 a. 8 t. 50
Emery le négociant, d. 3 a. 50
La Salpêtrière, dr. 5 a. 50
Du Haut en Bas, c.-v. 2 a. 50
La Dot d'Auvergne, v. 1 a. 40
Claudine, dr. 3 a 50
L'homme aux Sculottes 3 a. 4 p. 50
Céline c.-v. 2 a. 40
L'Hôtel des 4 nations, c.-v. 40
Les Pilules du Diable, 3 a. 20 t. 50
Les 2 Brigadiers, vaud. 2 a. 40
Le Roi d'Yvetot, op.-com. 3 a. 50
L'auberge de la Madone, d. 5. a. 50
Les Chanteurs ambulants, 3 a. 50
Séducteur et Mari, d. en 3 a. 50
Les ressources de Jonathas, 1 a. 40
Davis ou le bonheur d'être fou. 50

Une Aventure Suédoise, dr. 40
Halifax, c. 4 a. avec prol. 50
La Belle-Amélie, c.-v. 1 a. 40
Le prince Eugène, 3 a. 14 t. 50
Le baron de Lafleur, c. 3 a. env. 50
Vision du Tasse, 1 a. en v. 30
Madeleine, dr. en 5 a. 50
Mlle de Bois-Robert, c.-v. 2 a. 50
L'Extase, c.-v. 3 a. 50
Le Menuet de la Reine, 2 a. 50
Mlle de la Faille, d. 5 a. 8 t 50
Les Mille et Une Nuits, 4 a. 50
L'Enlèvement de Déjanire, v. 40
Redgauntlet, d. 3 a. avec pr. 50
Les soupers de carnaval, v. 1 a. 40
La chanson de l'aveugle, f. 1 a. 40
Le succès, c. en 2 actes. 50
Le palais-royal et la bastille 1 50

GALERIE DES ARTISTES DRAMATIQUES,

Contenant 80 portraits en pied des principaux Artistes de Paris, dessinés d'après nature par ALEXANDRE LACAUCHIE, accompagnés d'autant de notices biographiques et littéraires.

PRIX DES DEUX VOLUMES BROCHÉS : 40 FR. — *Ouvrage entièrement terminé.*

TOME PREMIER.

	Acteurs.	Auteurs.
1re.	Mlle Rachel	J. Janin.
2e.	M. Perrot	E. Briffault.
3e.	M. Deburau	E. Briffault.
4e.	M. Mélingue	J. Bouchardy.
5e.	Mlle Fanny Elssler	E. Briffault.
6e.	Mlle Plessy	H. Rolle.
7e.	M. Duprez	E. Briffault.
8e.	Mme Mélingue (Théodorine)	J. Bouchardy.
9e.	M. Achard	E. Guinot.
10e.	Mlle Dozé	E. Briffault.
11e.	M. Odry	J. T. Merle.
12e.	Mlle Fargueil	H. Lucas.
13e.	M. Francisque aîné	J. Bouchardy.
14e.	M. Lepeintre jeune	H. Rolle.
15e.	Mlle Taglioni	J. T. Merle.
16e.	Mlle Dupont	É. Arago.
17e.	M. Boutin	L. Couailhac.
18e.	M. Levasseur	G. Bénédit.
19e.	Mlle Flore	Du Mersan.
20e.	Mlle Georges	H. Lucas.
21e.	M. Joanny	H. Lucas.
22e.	M. Albert	L. Couailhac.
23e.	Mlle Jenny Vertpré	H. Lucas.
24e.	M. Monrose	J. T. Merle.
25e.	M. Bocage	M. Mallefille.
26e.	Mlle Pauline Leroux	É. Arago.
27e.	M. Firmin	H. Lucas.
28e.	M. Rubini	J. Chaudes-Aigues.
29e.	M. Saint-Ernest	J. Bouchardy.
30e.	Mlle Mars	E. Briffault.
31e.	Mlle Persiani	J. Chaudes-Aigues.
32e.	M. Menjaud	H. Lucas.
33e.	Mlle Prévost	L. Couailhac.
34e.	Mlle Eugénie Sauvage	J. T. Merle.
35e.	Mme Damoreau	C. Bénédit.
36e.	M. Lafont	J. T. Merle.
37e.	M. Bardou	H. Lucos.
38e.	Beauvallet	A. Arnould.
39e.	M. Alcide-Tousez	J. T. Merle.
0e.	Mme Volnys	H. Rolle.

TOME SECOND.

	Acteurs.	Auteurs.
41e.	M. Ferville	J. T. Merle.
42e.	M. Volnys	H. Rolle.
43e.	Mme Guillemin	M. Aycard.
44e.	Mme Gauthier	A. Arnould.
45e.	M. Lablache	Couailhac.
46e.	M. Arnal	Eugène Briffaut.
47e.	Mlle Giulia Grisi	Couailhac.
48e.	M. Tamburini	Chaudes-Aigues.
49e.	Mlle Clarisse	E. Lemoine.
50e.	M. Klein	Marie Aycard.
51e.	M. Chilly	A. Arnould.
52e.	Mme Stolz	H. Lucas.
53e.	M. Moëssard	A. Arnould.
54e.	Mme Anna Thillon	H. Rolle.
55e.	M. Brunet	Du Mersan.
56e.	Mme Albert	H. Lucas.
57e.	M. Provost	E. Arago.
58e.	Mlle Brohan	J. T. Merle.
59e.	M. Chollet	Couailhac.
60e.	M. Roger	Couailhac.
61e.	Mlle Anaïs	J. T. Merle.
62e.	M. Vernet	H. Rolle.
63e.	Mlle Carlotta Grisi	Th. Gauthier.
64e.	Mme Desmousseaux	Couailhac.
65e.	M. Mario	P. A. Fiorentino.
66e.	Mme Dorval	H. Rolle.
67e.	Mme Dorus-Gras	E. Arago.
68e.	M. Regnier	Aug. Arnould.
69e.	Mlle Mante	E. Arago.
70e.	Mlle Julienne	H. Rolle.
71e.	M. Lepeintre aîné	E. Arago.
72e.	Mlle Déjazet	E. Guinot.
73e.	M. Numa	H. Rolle.
74e.	M. Samson	A. Arnould.
75e.	M. Sainville	L. Couailhac.
76e.	M. Ligier	H. Rolle.
77e.	Mme Jenny Colon Leplus	E. Arago.
78e.	M. Raucourt	Bouchardy.
79e.	M. Bouffé	E. Briffault.
80e.	M. Frédéric Lemaître	Adolphe Dumas.

OEUVRES DRAMATIQUES DE SCHILLER,

TRADUCTION DE M. DE BARANTE, Pair de France, Membre de l'Académie française.

PRÉCÉDÉES D'UNE NOTICE BIOGRAPHIQUE ET LITTÉRAIRE SUR SCHILLER.

Un superbe volume in-8° à deux colonnes, illustrée de 24 vignettes sur acier. Prix : 12 francs.

GALERIE DES FEMMES

DE WALTER SCOTT,

Charmant Keepsake pour 1843,

Contenant 40 portraits sur acier, gravés à Londres avec texte français.

Prix : broché 10 francs, reliure dorée sur tranches 12 francs.

EN VENTE : le 33e Volume du **MAGASIN THÉATRAL.** *Prix : 6 fr.*

THÉORIE DE L'ART DU COMEDIEN, par ARISTIPPE. Un gros volume in-8°. Prix : 3 fr.

LA MAIN DROITE ET LA MAIN GAUCHE, drame en cinq actes........... 1 r.